大数据背景下公共图书馆
资源建设创新模式研究

谭　巍／著

辽宁人民出版社

图书在版编目（CIP）数据

大数据背景下公共图书馆资源建设创新模式研究 /
谭巍著 . -- 沈阳：辽宁人民出版社，2024. 12.
ISBN 978-7-205-11289-9

Ⅰ . G258.2
中国国家版本馆 CIP 数据核字第 2024X76N85 号

出版发行：辽宁人民出版社
　　　　　地址：沈阳市和平区十一纬路 25 号　邮编：110003
　　　　　电话：024-23284191（发行部）　024-23284304（办公室）
　　　　　http：//www.lnpph.com.cn
印　　刷：天津光之彩印刷有限公司
幅面尺寸：170mm×240mm
印　　张：10
字　　数：120 千字
出版时间：2024 年 12 月第 1 版
印刷时间：2024 年 12 月第 1 次印刷
责任编辑：刘芮先
装帧设计：一诺设计
责任校对：吴艳杰
书　　号：ISBN 978-7-205-11289-9

定　　价：56.00 元

前　言

　　本书是一本深入探讨大数据时代公共图书馆资源建设创新模式的专业图书。在当前信息时代，大数据技术的快速发展给公共图书馆带来了前所未有的机遇与挑战。本书从理论到实践，全面分析了大数据背景下公共图书馆资源建设的创新模式。首先，本书概述了大数据背景下公共图书馆的发展现状，以及大数据技术对公共图书馆资源建设的影响。接着，书中深入探讨了大数据环境下公共图书馆资源建设的创新模式，包括：资源整合与共享、个性化服务、智能推荐、数据挖掘与分析等。同时，本书还介绍了国内外公共图书馆在大数据资源建设方面的成功案例，为我国公共图书馆的创新与发展提供了有益的借鉴。此外，本书还针对我国公共图书馆在大数据背景下的资源建设中所面临的挑战，如数据安全、隐私保护、技术人才短缺等问题，提出了相应的解决策略。书中强调，公共图书馆要抓住大数据发展的历史机遇，加强资源建设创新，提升服务质量，以满足广大读者日益增长的信息需求，推动图书馆事业高质量发展。

目　录

第一章　总论

第一节　大数据背景下的公共图书馆发展现状

随着信息技术的快速发展，大数据技术的应用越来越广泛，公共图书馆作为社会公共文化服务体系的重要组成部分，也面临着前所未有的机遇和挑战。大数据技术的应用为公共图书馆的数据资源整合与共享提供了新的手段。传统的图书馆服务主要依赖于纸质文献和有限的数字化资源，而大数据技术可以通过对海量数据的挖掘和分析，为图书馆提供更加全面、准确、个性化的服务。例如，通过对用户借阅记录、浏览记录、社交媒体行为等数据的分析，可以更好地了解用户需求，提供更加精准的推荐和咨询服务；通过对馆藏资源的数字化和智能化管理，可以提高资源的利用率和利用效率；通过对图书馆之间的数据共享和交换，可以实现资源的共建共享，提高图书馆的整体服务水平。公共图书馆的数据资源整合与共享也是实现数字化转型和智慧图书馆建设的重要途径。数字化转型是公共图书馆发展的必然趋势，而数据资源的整合与共享则是数字化转型的基础和前提。通过数据资源的整合与共享，可以实现图书馆之间的资源共享和协同创新，提高图书馆的整体竞争力和服务水平；同时，可以促进图书馆与政府、企业、社会团体等各方面的合作，共同推动数字化转型和智慧图书馆建设。然而，在大数据背景下，公共图书馆的数据资源整合与共享也面临着一些挑战和问题。首先，数据安全和隐私保护问题是一个重要的挑战。随着数据资源的不断增加和共享，数据安全和隐私保护问题越来越受到重视。公共图书馆需要加强数据安全管理和隐私保护措施，确保数据的安全和保密性。其次，数据的质量和准确性也是一个重要的问题。大数据技术虽然能够提供更加全面、准确、个性化的服务，但是数据的质量和准确性也会影响到服务的水平和效果。因此，公共图书馆需要加强对数据的质量和准确性的管理和控制。

在当今数字化时代，数字化服务推广已经成为企业营销的重要手段之一。通过数字化服务推广，企业可以更好地了解客户需求，提供更加个性化和高效的服务，从而提升客户满意度和忠诚度。数字化服务推广可以通过各种数字化渠道进行，如社交媒体、电子邮件、短信、网站等。这些渠道可以根据不同的客户群体和需求，提供定制化的推广内容，从而提高推广效果和转化率。数字化服务推广可以通过数据分析来实现精准营销。通过对客户数据的分析，企业可以了解客户的偏好、需求和行为习惯，从而制定更加精准的推广策略，提高推广效果和转化率。此外，数字化服务推广还可以提供更好的客户体验。通过数字化渠道，企业可以提供更加方便快捷的服务，实现全天候在线服务，从而增强客户满意度和忠诚度。数字化服务推广需要持续不断的优化和创新。随着数字化技术的发展和市场变化，企业需要不断调整推广策略和手段，以适应新的市场需求和竞争环境。

在当今数字化时代，图书馆作为知识传播的重要场所，也正在积极探索智能化服务的应用。智能化服务是指利用现代信息技术和智能化技术，实现图书馆服务的自动化、个性化和高效化。首先，图书馆智能化服务可以通过智能化管理系统来实现。该系统可以通过自动化图书管理、自助借还书、自助查询等功能，提高图书馆的服务效率和管理水平。同时，该系统还可以根据读者的借阅记录和阅读偏好，提供个性化的推荐服务，帮助读者更快地找到自己感兴趣的书。其次，图书馆智能化服务可以通过数字化资源来实现。通过数字化资源的建设，图书馆可以将纸质资源转化为数字资源，实现资源的共享和传播。同时，数字化资源还可以方便读者随时随地获取和使用，提高资源的利用率和传播效果。此外，图书馆智能化服务还可以通过智能设备来实现。例如智能书架、智能检索设备等，这些设备可以提供更加方便快捷的阅读和查询体验，增强读者对图书馆的满意度和忠诚度。最后，图书馆智能化服务需要不断完善和升级。随着技术的不断发展，图书馆需要不断更新智能化服务的技术和手段，以适应新的市场需求和读者需求的变化。同时，图书馆也需要加强与读者的沟通和互动，了解读者的需求和建议，不断完善和提升智能化服务的质量和水平。图书馆智能化服务是数字化时代图书馆发展的重要方向之一，通过智能化管理、数字化资源、智能设备等方面的应用，图书馆可以提高服务效率和管理水平，增强读者满意度和忠诚度，实现可持续发展。

随着信息时代的快速发展，图书馆用户的需求发生了显著的变化，这对图书馆的服务模式提出了新的挑战和要求。传统的图书馆服务模式往往侧重于提供统一的、标准化的服务，然而，在现代社会，用户的需求却日益呈现出多样化和个性化的特点。因此，图书馆必须紧跟时代步伐，深入了解用户需求的变化，并积极探索和实施个性化服务策略，以满足用户日益增长的信息需求。过去，用户主要通过图书馆的书目检索和借阅服务来获取信息，而现在，随着网络技术的发展，用户更倾向于通过电子资源、数据库和互联网来获取信息。这种转变要求图书馆不仅要拥有丰富的纸质资源，还要建立起完善的电子资源体系，并提供多样化的信息获取方式，如在线检索、移动阅读等。现代社会的快速发展和知识的不断更新，使得用户对信息内容的需求越来越广泛和深入。用户不仅需要获取基础知识和信息，还需要获取专业领域的前沿动态和最新研究成果。因此，图书馆需要不断更新和优化馆藏资源，提高资源的时效性和针对性，以满足用户的信息内容需求。为了满足用户日益增长的个性化需求，图书馆需要积极实施个性化服务策略。个性化服务是指根据用户的个人特点和需求，提供定制化的服务。图书馆可以通过用户调研、数据分析等方式，了解用户的兴趣爱好、专业背景和研究需求，然后根据这些信息为用户提供个性化的推荐服务、定制化的信息检索和专业的参考咨询等。此外，图书馆还可以通过建立用户画像、利用人工智能技术等方式，进一步提升个性化服务的水平和效率。用户画像可以帮助图书馆更全面地了解用户的个人信息和需求偏好，从而为用户提供更加精准的服务。而人工智能技术则可以通过对用户行为数据的分析，预测用户的潜在需求，并主动为用户推荐相关信息和资源。面对图书馆用户需求的变化和个性化需求的增长，图书馆必须紧跟时代步伐，转变服务模式，提供更加多样化和个性化的服务。只有这样，图书馆才能更好地满足用户的需求，提升用户的满意度和忠诚度，实现自身的可持续发展。

在信息爆炸和技术迅猛发展的当代，图书馆作为知识和文化的殿堂，面临着前所未有的机遇和挑战。为了适应这种变化，图书馆必须不断进行技术创新和跨界合作，以提升服务质量和效率，满足读者日益增长的需求。技术创新是图书馆发展的动力。随着互联网、大数据、云计算、人工智能等技术的不断发展，图书馆可以利用这些技术来实现服务的自动化、智能化和数字化。例如，通过自助借还机、智能书架、移动图书馆等设施和技术，图书馆可以实现 24 小时自助服务，提高读者的借阅效率。同时，图书馆还可以利用数据分析技术，深入了解读者的阅读习惯和偏好，提供更加个性化的服务。跨界合作是图书馆发展的必要路径。在信息时代，图书馆不再是一个封闭的体系，而是一个开放的平台。图书馆需要与学校、研究机构、企业、社区等各个领域进行合作，共享资源和服务，实现互利共赢。例如，图书馆可以与出版社合作，推广数字阅读和电子图书；与科技公司合作，开发智能化服务和技术；与学校和企业合作，提供培训和咨询服务等。通过跨界合作，图书馆可以丰富自己的服务和内容，扩大自己的影响力和受众群体。技术创新和跨界合作需要图书馆有开放的心态和前瞻的视野。图书馆需要积极跟踪和了解最新的技术发展和行业动态，勇于尝试和创新。同时，图书馆还需要培养一支具有创新能力和跨界合作能力的团队，他们是图书馆实现技术创新和跨界合作的关键。图书馆技术创新和跨界合作是图书馆适应信息时代发展的必然选择。通过技术创新，图书馆可以提升服务的质量和效率；通过跨界合作，图书馆可以扩大自己的服务和影响。两者相辅相成，共同推动图书馆的发展和进步。

第二节　大数据技术对公共图书馆资源建设的影响

大数据技术对于公共图书馆资源建设的影响深远而广泛，其中最为显著的方面之一便是对读者需求的精准预测。在传统的图书馆管理模式中，对于读者需求的了解往往依赖于图书馆员的个人经验、定期的读者调查或是简单的数据统计，这种方式不仅效率低下，而且难以准确捕捉到读者的真实需求。然而，随着大数据技术的不断发展和应用，公共图书馆有了更为强大的工具来预测和满足读者的需求。大数据技术能够通过对海量数据的收集、整理和分析，挖掘出隐藏在数据背后的规律和趋势。在公共图书馆领域，这意味着图书馆可以通过对读者的借阅记录、浏览行为、搜索关键词等数据进行深度分析，从而精准预测读者的阅读兴趣和需求。例如，通过对借阅数据的分析，图书馆可以发现某一类图书在特定时间段内的借阅量激增，这就可以作为调整图书采购策略的依据，增加该类图书的储备。此外，大数据技术还可以帮助图书馆预测读者的未来需求。通过分析读者的历史借阅记录和浏览行为，图书馆可以构建出每个读者的个性化需求模型，进而预测他们在未来一段时间内可能感兴趣的图书或主题。这种预测不仅能够提高图书馆的藏书质量和利用率，还能够为读者提供更加贴心、个性化的服务。

值得一提的是，大数据技术在预测读者需求时，还能够有效克服传统调查方式的局限性。传统的读者调查往往难以覆盖所有读者，而且容易受到调查设计、样本选择等因素的影响，导致结果失真。而大数据技术则能够实现对所有读者的全面覆盖，通过对海量数据的分析，得出更加客观、准确的结论。大数据技术对于公共图书馆的资源建设影响深远，特别是在预测读者需求方面，它使得图书馆能够更加精准地了解读者的需求，提高藏书质量和利用率，为读者提供更加个性化、贴心的服务。随着技术的不断进步和应用范围的扩大，相信大数据将在公共图书馆资源建设中发挥更加重要的作用。

大数据技术对公共图书馆资源建设的影响是显著的，其中一个重要的方面是资源共享和整合。传统上，公共图书馆资源的获取和管理是相对独立和分散的，用户需要前往不同的图书馆或借书机构来获取所需的资源，这极大地限制了资源的利用率和使用效率。但随着大数据技术的发展，图书馆系统得以实现资源的共享和整合，为用户提供更加方便、高效的资源获取和利用方式。大数据技术使得公共图书馆能够将不同机构和数据库的资源整合到一个平台上。通过建立统一的数据和资源管理系统，图书馆可以汇集来自不同机构和数据库的图书、期刊、论文等资源，形成一个庞大的资源池。这样一来，用户只需要在一个平台上搜索和访问，就能够获取到来自各个机构和数据库的资源，大大提高了资源的利用率和可及性。大数据技术使得公共图书馆能够通过分析用户需求和行为数据，实现智能化的资源推荐和定制。通过收集和分析用户的借阅记录、搜索记录和阅读偏好等数据，图书馆可以了解用户的兴趣和需求，进而根据个性化的推荐算法为用户提供符合其兴趣的资源。这不仅能够提高用户的满意度，也能够增加图书馆的资源利用率和借阅率。大数据技术还使得公共图书馆能够实现资源的深度挖掘和分析。通过对大量的图书、期刊和论文等资源进行文本挖掘和数据分析，图书馆可以发现其中的关联性、趋势和规律，为用户提供更加准确和全面的资源信息。例如，通过挖掘图书馆馆藏的各种资源之间的相关性和关联度，可以为用户推荐与其当前阅读内容相关的其他资源，从而提供更加丰富和全面的知识体验。大数据技术还可以为公共图书馆建立一个开放共享的平台，实现用户之间的资源共享和交流。通过建立在线社区或开放平台，用户可以将自己的资源和知识分享给其他用户，也可以从其他用户那里获取到有价值的资源和知识。这种开放和共享的模式不仅能够提高资源的利用率，也能够增加用户之间的互动和合作，从而促进知识的共同创造和共同进步。大数据技术对公共图书馆资源建设的影响是深远的。通过资源共享和整合，图书馆能够提供更加方便、高效的资源获取和利用方式；通过智能化的推荐和定制，图书馆能够满足用户的个性化需求；通过资源的深度挖掘和分析，图书馆能够提供更加准确和全面的资源信息；通过开放共享的平台，图书馆能够促进用户之间的交流与合作。可以说，大数据技术为公共图书馆资源建设带来了巨大的变革，使得图书馆在数字时代依然能够发挥重要的作用。

大数据技术可以帮助公共图书馆实现数字化资源的全面整合和优化。传统图书馆的资源建设主要依赖于人工管理和纸质文献，这种方式不仅效率低下，而且难以满足读者日益增长的信息需求。而大数据技术可以通过对海量数据的挖掘和分析，为图书馆提供更加全面、准确的信息资源，从而更好地满足读者的需求。大数据技术可以帮助公共图书馆实现数字化资源的个性化推荐。通过对读者借阅记录、搜索记录等数据的分析，图书馆可以了解读者的兴趣爱好和阅读习惯，进而为其提供更加个性化和精准的资源推荐服务。这种个性化推荐服务不仅可以提高读者的阅读体验，还可以帮助图书馆提高资源的利用率和流通率。大数据技术还可以帮助公共图书馆实现数字化资源的共建共享。传统的资源建设方式往往存在着重复建设和资源浪费的问题，而大数据技术可以通过对各个图书馆的数据进行整合和分析，实现资源的共建共享，从而提高资源的利用效率和读者满意度。通过实时跟踪和分析数字化资源的使用情况和读者反馈，图书馆可以及时发现和解决问题，不断优化服务质量和资源结构，从而更好地满足读者的需求。通过全面整合和优化数字化资源、实现个性化推荐、共建共享、提高更新速度和服务质量等方面的工作，大数据技术可以为公共图书馆带来更多的便利和效益，为读者提供更加优质的服务。同时，这也需要公共图书馆不断加强技术研发和人才培养，以适应大数据时代的发展需求。

在公共图书馆中，用户行为数据包括借阅记录、检索历史、在线浏览、社交媒体互动等多个方面。这些数据反映了用户在图书馆的行为轨迹和兴趣点，通过大数据技术的挖掘和分析，图书馆可以发现用户的阅读习惯、借阅偏好、信息获取方式等关键信息。例如，通过对借阅记录的分析，图书馆可以发现某些图书或主题在特定用户群体中的受欢迎程度，从而调整藏书布局和推荐策略。用户行为分析不仅有助于图书馆优化资源配置，还能够提升用户的使用体验。通过对用户在线浏览行为的分析，图书馆可以了解用户对哪些内容感兴趣，进而优化网站设计和信息展示方式，提高用户的浏览效率和满意度。此外，图书馆还可以通过社交媒体等渠道收集用户的反馈和建议，结合用户行为数据进行综合分析，以不断改进和提升服务质量。在大数据时代，公共图书馆需要不断提升自身的数据分析和处理能力，以适应日益增长的用户需求和数据规模要求。这包括加强数据收集和管理能力，完善数据分析和挖掘工具，提升数据安全和隐私保护水平等方面。只有这样，图书馆才能充分发挥大数据技术的优势，为用户提供更加优质、高效的服务，推动公共图书馆资源建设不断发展和进步。用户行为分析是大数据技术在公共图书馆资源建设中的重要应用之一。通过对用户行为数据的深入挖掘和分析，图书馆能够更全面地了解用户需求和行为模式，优化资源配置和服务质量，提升用户的使用体验。随着大数据技术的不断发展和应用范围的扩大，相信用户行为分析将在公共图书馆资源建设中发挥更加重要的作用。

大数据技术对公共图书馆资源建设的影响之一是优化采购策略。传统的公共图书馆采购策略通常基于经验和直觉，缺乏科学性和准确性。而大数据技术的应用，使得图书馆能够根据实际需求和资源使用情况，进行更精准的采购决策。通过分析读者的借阅记录、搜索记录和借阅历史等数据，图书馆可以了解读者的阅读习惯和兴趣变化，进而制定更符合读者需求的采购策略。例如，图书馆可以根据读者的阅读偏好和借阅历史，有针对性地采购相关领域的图书和期刊，以满足读者的阅读需求。大数据技术可以帮助图书馆分析馆藏资源的利用情况，从而优化馆藏结构。通过对馆藏资源的利用情况进行数据分析和统计，图书馆可以了解资源的利用率和读者需求情况，进而制定合理的采购计划。如果某个领域的资源利用率较高，图书馆可以考虑增加该领域的资源采购量；如果某个领域的资源利用率较低，图书馆可以考虑减少对该领域的资源采购或者重新规划馆藏结构，以提高资源的利用率。大数据技术还可以帮助图书馆实现采购过程的自动化和智能化。通过建立自动化采购系统，图书馆可以根据读者需求和馆藏利用情况，自动制定采购计划和预算，实现采购过程的智能化和自动化。这样一来，图书馆可以更加高效地管理采购过程，提高采购效率和质量。大数据技术对公共图书馆资源建设的影响是深远的。通过优化采购策略，图书馆能够更好地满足读者的需求，提高资源的利用率和采购效率，从而为读者提供更加优质的服务。同时，大数据技术的应用也使得图书馆在数字时代依然能够发挥重要的作用。

传统图书馆在知识产权管理方面往往存在信息分散、管理不规范等问题，而大数据技术可以通过对海量数据进行挖掘和分析，帮助图书馆建立更加完善的知识产权管理体系，实现对知识产权的全面管理和监控。这不仅可以避免知识产权侵权问题，还可以提高图书馆的合规性和信誉度。通过对读者借阅记录、搜索记录等数据的分析，图书馆可以及时发现潜在的知识产权风险，进而采取相应的措施进行预防和保护。同时，大数据技术还可以帮助图书馆加强对知识产权侵权行为的监测和打击，维护知识产权的合法权益。通过与版权方的数据共享和合作，图书馆可以更好地了解版权方的需求和动态，进而为其提供更加精准和个性化的服务。这不仅可以促进版权方的授权和推广，还可以为图书馆带来更多的资源和服务。大数据技术对公共图书馆资源建设的影响在知识产权管理方面也具有重要意义。通过建立完善的知识产权管理体系、提高知识产权保护水平、加强与版权方的合作等方面的工作，大数据技术可以为公共图书馆带来更多的便利和效益，促进图书馆资源的优化配置和利用。同时，这也需要公共图书馆不断加强技术研发和人才培养，以适应大数据时代的发展需求。

第二章 大数据环境下公共图书馆资源建设的创新模式

第一节 资源整合与共享

在资源整合与共享方面，跨系统资源整合是一种创新模式。传统上，不同图书馆之间的资源很难进行有效整合和共享，导致资源的重复建设和浪费。而在大数据环境下，通过技术手段可以实现不同图书馆系统的数据整合，将各个图书馆的资源整合成一个更加庞大且丰富的数据库。这样一来，读者可以在一个平台上查找和访问多个图书馆的资源，充分利用资源，提高资源利用率。跨系统资源整合的实现方式可以是通过大数据技术进行数据共享和集成。在数据共享方面，图书馆可以通过共享数据接口，将自身系统的数据向其他图书馆开放，实现跨系统资源共享。在数据集成方面，图书馆可以将多个图书馆系统的数据整合为一个统一的数据模型，提供统一的查询接口和服务，使读者无缝地访问不同系统的资源。跨系统资源整合的创新模式可以实现资源的整合和优化配置。不同图书馆的资源可能各有侧重，通过整合不同图书馆的资源，读者可以获取更加全面和多样化的信息资源。例如，某一图书馆可能在专业领域的资源上拥有优势，而另一图书馆则在其他领域的资源方面更为强大。通过跨系统资源整合，读者可以一站式获取各类资源，提高信息检索和利用的效率。此外，跨系统资源整合还可以促进图书馆之间的合作与共建。图书馆可以通过共享资源和合作开展项目，提高资源的共建共享水平。图书馆可以通过共同购买订阅电子资源、合作进行数字化资源的建设和整理，共享编目数据等，实现资源的共享与协同发展。大数据环境下，通过跨系统资源整合的创新模式，可以实现公共图书馆资源建设的创新与发展。通过技术手段，将不同图书馆的资源整合为一个庞大且丰富的数据库，实现资源的优化配置和共享。这种模式不仅可以提高图书馆的资源利用率和服务质量，还可以促进图书馆之间的合作与协同发展。同时，为了实现这一创新模式，图书馆需要加强技术研发和人才培养，以适应大数据时代的发展需求。

在大数据环境下，公共图书馆资源建设的创新模式显得尤为重要，其中资源整合与共享是不可或缺的一环。而数字资源共享平台建设则是实现这一目标的关键所在。通过构建一个高效、便捷的数字资源共享平台，公共图书馆能够打破传统资源限制的束缚，实现资源的最大化利用和价值的最大化发挥。建设数字资源共享平台，首先需要建立一个统一的标准和规范，确保不同图书馆之间的数据能够实现无缝对接和交换。这包括元数据标准、数据交换格式、接口协议等多个方面，以确保平台能够兼容不同图书馆的数据资源，实现真正意义上的资源共享。在平台架构上，需要充分考虑用户的需求和使用体验。通过简洁的界面设计、高效的数据检索机制、智能的推荐算法等手段，提升用户的使用体验和满意度。同时，平台还需要提供多样化的资源访问方式，如 PC 端、移动端、API 接口等，以满足用户在不同场景下的需求。除了技术层面的考虑，数字资源共享平台的建设还需要注重合作与共赢。公共图书馆需要与其他机构、企业等建立紧密的合作关系，共同推动数字资源的整合与共享。通过合作，不仅可以丰富平台的资源内容，还可以拓宽资源的获取渠道，实现资源互补和优势互补。在数字资源共享平台的建设过程中，数据安全和隐私保护也是不可忽视的一环。图书馆需要建立完善的数据安全保障机制，确保用户数据的安全性和隐私性。通过加密技术、访问控制、数据备份等手段，防止数据泄露和滥用，保障用户的合法权益。数字资源共享平台建设是大数据环境下公共图书馆资源建设创新模式的重要组成部分，通过建立一个统一、高效、便捷的平台，实现资源的整合与共享，不仅可以提升图书馆的服务水平和用户满意度，还可以推动整个公共图书馆事业的持续发展和进步。随着技术的不断进步和应用场景的不断拓展，相信数字资源共享平台将在未来发挥更加重要的作用。

公共图书馆的资源获取和管理是相对独立和分散的，不同机构和数据库之间缺乏有效的协作和共享。然而，随着大数据技术的发展，公共图书馆可以通过采用一系列先进的技术手段来实现资源的整合和共享，从而提高资源的可及性和利用率。首先，公共图书馆可以利用大数据技术建立统一的资源管理系统。通过将不同的机构和数据库的资源整合到一个平台上，公共图书馆可以建立一个统一的数据仓库，将各种形式的资源进行标准化和结构化处理。这样一来，图书馆可以更好地管理和维护资源，同时还能为用户提供一个统一的访问入口，使其能更方便地浏览和获取资源。其次，公共图书馆可以利用大数据技术进行文本挖掘和数据分析，实现资源的深度挖掘和关联分析。通过分析资源中的文本内容和元数据，图书馆可以从中挖掘出资源间的相关性。例如，结合自然语言处理技术和机器学习算法，图书馆可以分析图书、期刊和论文等资源的标题、摘要和关键词，从中发现资源之间的共性和联系，并据此建立资源之间的关联网络。这样一来，当用户浏览一个资源时，图书馆可以根据网络中的关联关系为用户推荐其感兴趣的其他资源，从而丰富用户的阅读体验。此外，公共图书馆还可以利用大数据技术建立个性化的资源推荐系统。通过收集和分析用户的阅读行为和偏好数据，图书馆可以了解用户的兴趣和需求，从而为其提供个性化的资源推荐。例如，根据用户的搜索历史、借阅记录和评论反馈等数据，图书馆可以利用推荐算法来判断用户的兴趣领域，并向其推荐相关的图书、期刊和论文。这种个性化的推荐系统能够提高用户的满意度，同时增加了图书馆资源的利用率。最后，公共图书馆可以利用大数据技术建立开放共享的平台，促进用户之间的资源共享和交流。通过建立在线社区或开放平台，用户可以将自己的资源和知识分享给其他用户，也可以从其他用户那里获取到有价值的资源和知识。这种开放和共享的模式不仅能够提高资源的利用率，也能够增加用户之间的互动和合作，从而促进知识的共同创造和共同进步。大数据环境下的公共图书馆资源建设的创新模式之一是资源整合的技术实现。通过建立统一的资源管理系统、实施文本挖掘和数据分析、建立个性化资源推荐系统以及建立开放共享平台，公共图书馆可以实现资源的全面整合和共享，提高资源的可及性和利用率，从而为用户提供更丰富、更准确和更个性化的服务。

第二节 个性化服务

在大数据环境下，公共图书馆需要积极探索创新资源建设模式，其中，个性化服务是一个重要的方向。为了提供更加符合读者需求的资源服务，图书馆需要深入分析用户需求，根据用户的兴趣、专业、研究领域等因素，为用户提供定制化的资源推荐和服务。在用户需求分析方面，图书馆可以利用大数据技术进行用户行为分析。通过对用户借阅记录、搜索记录、浏览历史等数据进行挖掘和分析，图书馆可以了解用户的兴趣爱好、阅读习惯和研究需求，进而为其提供更加个性化和精准的资源推荐服务。这种个性化推荐服务可以提高读者的阅读体验，增强读者的满意度和忠诚度。除了用户行为分析，图书馆还可以利用大数据技术进行用户偏好分析。通过对用户身份信息、学历背景、职业领域等数据的挖掘和分析，图书馆可以了解用户的学术水平、研究能力和专业背景，进而为其提供更加符合其需求的资源推荐和服务。这种个性化推荐服务可以更好地满足用户的个性化需求，提高资源的利用率和流通率。为了实现用户需求分析的创新模式，图书馆需要加强数据采集和整合工作。图书馆需要建立完善的数据采集机制，通过多种渠道收集用户数据，包括纸质文献、电子资源、社交媒体等。同时，图书馆还需要加强数据整合和清洗工作，将不同来源的数据整合到一个统一的数据库中，以便进行深入分析和挖掘。在大数据环境下，公共图书馆可以通过用户需求分析的创新模式，为用户提供更加个性化和精准的资源推荐服务。通过深入分析用户行为和偏好，图书馆可以更好地满足读者的需求，提高资源的利用率和流通率。同时，这也需要图书馆加强数据采集和整合工作，以适应大数据时代的发展需求。

在大数据环境下，公共图书馆不断探索资源建设的创新模式，其中，个性化服务成为重要的发展方向。个性化推荐系统是实现个性化服务的核心技术之一，通过构建高效、精准的个性化推荐系统，公共图书馆能够深入了解用户的阅读偏好和需求，为用户提供个性化的资源推荐，进一步提升用户的使用体验和满意度。个性化推荐系统的核心在于对用户行为数据的深度挖掘和分析。图书馆可以利用大数据技术对用户的借阅记录、检索历史、在线浏览行为等数据进行整合和分析，从中提取出用户的阅读偏好、兴趣点等信息。基于这些信息，推荐系统可以构建用户画像，形成对用户需求的精准把握。为了实现个性化的推荐，图书馆还需要构建一套完善的推荐算法。这些算法可以根据用户画像和图书馆的资源库进行匹配，为用户推荐符合其兴趣和需求的图书和资料。同时，推荐系统还可以根据用户的反馈和行为数据进行持续优化，提高推荐的准确性和用户满意度。

个性化推荐系统的实施还需要图书馆加强与其他机构的合作，共同构建完善的推荐生态。例如，图书馆可以与电商平台、社交媒体等合作，获取更多维度的用户数据，丰富用户画像，提高推荐的精准度。同时，图书馆还可以与其他图书馆、出版社等机构合作，共享资源数据，丰富推荐内容，提升用户的使用体验。在个性化推荐系统的建设过程中，图书馆需要注重对用户隐私的保护。在收集和分析用户数据时，图书馆需要严格遵守相关法律法规，确保用户数据的安全性和隐私性。同时，图书馆还需要通过技术手段加强数据安全保护，防止数据泄露和滥用。

个性化推荐系统是大数据环境下公共图书馆资源建设创新模式的重要组成部分。通过构建高效、精准的推荐系统，图书馆能够为用户提供个性化的资源推荐，进一步提升用户的使用体验和满意度。随着技术的不断进步和应用场景的不断拓展，相信个性化推荐系统将在未来发挥更加重要的作用。

在用户行为研究方面，大数据技术可以帮助公共图书馆收集和分析大量的用户行为数据。通过对用户借阅记录、搜索记录、浏览历史等数据的挖掘和分析，图书馆可以获取用户的阅读偏好、兴趣爱好和需求特点，进而深入了解用户需求的本质。这种用户行为研究可以通过大数据技术实现对海量数据的挖掘和分析，发现用户行为的规律和模式。公共图书馆可以根据用户行为数据进行个性化服务的实践。通过对用户行为的分析，图书馆可以向用户推荐符合其兴趣和需求的资源和服务。例如，根据用户的搜索记录和浏览历史，图书馆可以为用户推荐相关主题的图书、期刊和电子资源；根据用户的借阅记录，图书馆可以提供针对性的阅读推荐和服务建议。这种个性化服务可以帮助用户更加有效地获取所需资源，提高用户满意度和使用体验。图书馆还可以利用用户行为研究来改进图书馆的空间布局和资源配置。通过对用户借阅和使用数据的分析，图书馆可以更好地了解哪些资源和设施受到用户青睐，哪些资源和设施很少使用，从而调整图书馆的空间布局和资源配置，提供更加贴近用户需求的服务。要实现用户行为研究与应用的创新模式，公共图书馆需要加强数据分析和挖掘技术的研发和应用。图书馆需要建立数据分析团队，培养专业的数据科学家和分析师，以应对海量数据的处理和分析工作。同时，图书馆还需要加强数据隐私和安全保护，确保用户行为数据的合法使用和保密性。在大数据环境下，通过用户行为研究与应用的创新模式，公共图书馆可以提供更加个性化和精准的服务。通过深入研究用户行为，了解用户需求和兴趣，图书馆可以根据用户行为数据提供个性化的资源推荐和服务建议。这种模式的实施需要图书馆加强数据分析和挖掘技术的应用，保护用户行为数据的隐私和安全，并培养专业团队，以应对大数据时代的发展需求。

第三节　智能推荐

在公共图书馆资源建设的创新模式中，智能推荐技术的运用显得尤为关键。智能推荐的核心在于机器学习与数据挖掘技术的深度融合与应用，这些先进技术使得图书馆能够实现对海量数据的深度分析和高效利用，进而为用户提供更加精准、个性化的阅读推荐服务。机器学习作为人工智能的重要分支，为智能推荐提供了强大的技术支持。在公共图书馆的资源建设中，机器学习技术通过不断学习和优化，能够逐渐理解用户的阅读偏好、行为模式以及需求变化。例如，基于协同过滤、内容过滤等算法的机器学习模型，可以分析用户的借阅记录、在线浏览行为等数据，从而预测用户可能感兴趣的图书或主题。这种预测结果的准确性会随着用户数据的积累和学习过程的深入而不断提高。与此同时，数据挖掘技术也在智能推荐中发挥着不可替代的作用。通过对海量数据的深度挖掘和分析，数据挖掘技术能够帮助图书馆发现隐藏在数据背后的关联性和趋势。这不仅可以为图书馆的资源采购、分类和推荐提供有力支持，还能够为图书馆的决策和管理提供科学依据。例如，通过数据挖掘技术，图书馆可以发现用户的借阅热点、阅读趋势以及不同用户群体之间的阅读差异，从而更加精准地进行资源配置和服务优化。

在机器学习与数据挖掘技术的共同作用下，智能推荐系统得以实现并不断完善。这种系统不仅能够为用户提供个性化的图书推荐，还能够根据用户的反馈和行为数据进行自我优化和迭代。随着技术的不断发展和应用场景的不断拓展，智能推荐系统将在公共图书馆资源建设中发挥更加重要的作用，为用户带来更加优质、高效的阅读体验。机器学习与数据挖掘技术为大数据环境下公共图书馆资源建设的智能推荐提供了强大的技术支持。这些技术通过深度挖掘和分析用户数据，使得图书馆能够为用户提供更加精准、个性化的阅读推荐服务，推动公共图书馆事业的持续发展和进步。

公共图书馆可以通过研究智能推荐算法，根据用户的阅读行为和偏好，为用户提供个性化的资源推荐，从而满足用户的个性化需求，提高用户的满意度。智能推荐算法是公共图书馆资源建设中的一项重要技术，它能够根据用户的历史借阅记录、搜索记录、阅读偏好等信息，为用户推荐符合其兴趣和需求的资源。目前，公共图书馆常用的智能推荐算法包括基于内容的推荐算法、协同过滤算法、混合推荐算法等。这些算法可以根据用户的历史行为和偏好，预测用户未来的需求，从而为用户提供更加精准的资源推荐。基于内容的推荐算法是根据用户的历史借阅记录和搜索记录，分析用户感兴趣的主题和领域，然后根据这些主题和领域为用户推荐相关的图书、期刊和论文等资源。协同过滤算法是根据其他相似用户的行为和偏好，预测用户的兴趣和需求，从而为用户推荐符合其兴趣和需求的资源。混合推荐算法则是将基于内容的推荐算法和协同过滤算法结合起来，取长补短，提高推荐的准确性和可靠性。通过分析用户在图书馆平台上的浏览、搜索、借阅、评论等行为数据，图书馆可以了解用户的兴趣和需求变化趋势，进而不断调整和优化推荐算法，提高推荐的准确性和针对性。同时，图书馆还可以通过数据分析了解不同年龄段、职业、学科背景的用户对资源的偏好和需求差异，从而为不同用户提供更加个性化的资源推荐和服务。公共图书馆通过智能推荐算法的研究和应用，可以更好地满足用户的个性化需求，提高用户的满意度。同时，图书馆还可以通过深度挖掘和分析用户数据，不断优化推荐算法和服务方式，为用户提供更加全面、准确和个性化的资源服务。

在系统的评估与优化方面，图书馆需要定期对智能推荐系统进行评估和优化，确保系统能够准确、及时地提供符合读者需求的资源推荐。图书馆需要利用大数据技术对读者的阅读行为、搜索行为、借阅行为等数据进行分析，及时发现和解决系统存在的问题和不足，从而不断完善和优化智能推荐系统。为了实现系统的评估与优化，图书馆需要建立完善的评估机制和数据采集机制。图书馆需要定期收集和分析读者的反馈意见、借阅数据、搜索数据等，了解读者对智能推荐系统的满意度和使用情况。同时，图书馆还需要加强对数据采集和分析技术的研发和应用，提高数据采集和分析的准确性和及时性。此外，图书馆还需要加强智能推荐系统的安全性和对隐私性的保护。智能推荐系统需要处理大量的用户数据，包括身份信息、借阅记录、搜索记录等敏感信息，因此，图书馆需要加强数据安全保护措施，确保数据不被泄露和滥用。同时，图书馆还需要遵守相关的法律法规和伦理规范，确保数据隐私和安全的合规性。公共图书馆可以利用大数据技术实现资源智能推荐，通过定期评估和优化智能推荐系统，提高资源的利用率和流通率。同时，图书馆还需要加强数据安全保护和隐私保护工作，以适应大数据时代的发展需求。

第四节　数据挖掘与分析

图书馆数据分析流程是确保数据挖掘与分析工作有效进行的关键所在。这一流程涵盖了从数据采集、预处理、存储，到分析挖掘、结果呈现，以及最终的价值实现的完整链条。首先，数据采集是图书馆数据分析的起点，涉及从各个渠道收集用户行为数据、图书馆资源数据、外部数据源等多维度信息。这些数据不仅包括传统的借阅记录、检索历史等，还涵盖了用户在数字平台上的浏览、点击、评论等互动行为。通过广泛而全面的数据采集，图书馆能够获取到丰富的用户画像和行为特征。接下来是数据预处理阶段，这一环节旨在清洗和整理原始数据，消除异常值、重复值，对数据进行标准化和归一化处理，以确保数据质量和一致性。同时，还需对数据进行特征提取和降维处理，以提高后续分析挖掘的效率和准确性。随后，数据存储环节将经过预处理的数据存储在高性能的数据库或分布式存储系统中，以便后续快速访问和分析。在大数据环境下，图书馆需要采用高效的数据存储方案，确保数据的可扩展性、安全性和可靠性。紧接着是分析挖掘阶段，这是整个流程的核心环节。图书馆利用数据挖掘技术，如关联分析、聚类分析、分类预测等，对存储的数据进行深入分析，发现数据间的关联性、趋势和模式。这些分析结果能够为图书馆的资源建设、用户服务、决策支持等提供有力依据。最后，结果呈现和价值实现是整个分析流程的归宿。图书馆需要将挖掘得到的知识和见解以可视化、易于理解的方式呈现给用户和管理者，帮助他们更好地理解和应用分析结果。同时，图书馆还需要将分析结果转化为实际行动，优化资源配置、提升服务质量、增强用户黏性，从而实现数据的最大价值。图书馆数据分析流程是一个复杂而系统的过程，涵盖了数据采集、预处理、存储、分析挖掘、结果呈现和价值实现等多个环节。在大数据环境下，图书馆需要不断完善和优化这一流程，以提升数据挖掘与分析的准确性和效率，为公共图书馆资源建设的创新模式提供有力支撑。

数据可视化是将抽象的数据转化为可视化图形和图表的过程，通过视觉化的展示方式，帮助用户更好地理解和解读数据。在公共图书馆中，数据可视化可以通过展示资源的借阅量、热门图书、用户阅读偏好等信息，为用户提供直观的图像化信息，帮助用户快速了解资源的使用情况和热门趋势。通过数据可视化，公共图书馆可以提供各种图表和图形，如柱状图、折线图、饼状图等，展示资源的借阅量、热门领域、读者群体分布等信息。用户可以通过这些图表和图形，对资源的使用情况和借阅趋势一目了然。例如，公共图书馆可以展示各类资源的借阅量排行榜，帮助用户快速了解热门图书和期刊，从而更方便地选择自己感兴趣的资源。数据挖掘技术也是公共图书馆资源建设中的重要组成部分。数据挖掘是指从大量的数据中发现隐藏在其中的模式、关联和规律的过程。公共图书馆可以利用数据挖掘技术对用户的借阅记录、搜索记录、评论反馈等数据进行挖掘和分析，从中发现资源的特征、用户的偏好和需求，进而优化资源的收藏和推荐策略。数据挖掘可以帮助公共图书馆实现对资源的个性化推荐，根据用户的阅读行为和偏好，为用户推荐符合其兴趣和需求的资源。例如，公共图书馆可以根据用户的借阅记录和搜索关键词，利用关联规则挖掘出不同资源之间的关系，从而为用户推荐与其当前阅读内容相关的其他资源。通过数据挖掘，公共图书馆可以更精确地了解用户的兴趣和需求，提供个性化的资源推荐服务。大数据环境下，数据挖掘与分析在公共图书馆资源建设中发挥着重要作用。通过数据可视化与解读，公共图书馆可以呈现资源的使用情况和热门趋势，帮助用户更好地了解资源和做出选择。通过数据挖掘，图书馆可以发现资源的特征和用户的需求，从而优化资源的收藏和推荐策略，提供更加个性化、精准的服务。这些创新模式使得公共图书馆能够更好地利用大数据技术，提升资源的可视性、提供个性化的服务、满足用户的需求。

第三章 国内外公共图书馆大数据资源建设成功案例

第一节 国内成功案例

广东数字图书馆是广东省公共图书馆联盟的数字资源服务平台，致力于为广大用户提供丰富的数字资源服务。该平台整合了广东省内多家公共图书馆的数字资源，包括图书、期刊、论文、多媒体资源等，涵盖了自然科学、社会科学、文学艺术等多个领域。同时，广东数字图书馆还积极引进国内外优质的数字资源，不断丰富馆藏内容。为了更好地满足用户需求，广东数字图书馆采用了大数据技术对数字资源进行整合、分析和挖掘。通过对用户借阅行为数据的分析，广东数字图书馆能够为用户提供个性化的资源推荐服务，提高资源的利用率和用户满意度。此外，广东数字图书馆还积极探索数字化服务的新模式，如在线阅读、移动阅读、多媒体资源下载等，为用户提供更加便捷、多样化的阅读体验。

浙江省公共图书馆系统采用了一系列的数字化、网络化、智能化技术，推动图书馆服务的创新和发展。其中，大数据技术的应用是浙江省公共图书馆系统的一大亮点。该技术通过对馆藏资源的数字化处理、对用户借阅行为的数据分析，为用户提供更加精准、个性化的资源推荐和服务。浙江省公共图书馆系统还积极探索数字化服务的新模式，如在线阅读、移动阅读、多媒体资源下载等。同时，该系统还加强了与其他图书馆、信息机构的合作，实现了资源的共享和整合，提高了资源的可及性和利用率。通过大数据技术的应用，浙江省公共图书馆系统实现了数字化转型和升级，提升了服务水平，满足了用户多元化的需求。

除了以上两个案例，国内还有很多公共图书馆也在积极探索大数据技术在资源建设中的应用。例如，北京数字图书馆、上海图书馆、南京图书馆等都采用了大数据技术对馆藏资源进行数字化处理和整合，为用户提供更加便捷、多样化的阅读体验。同时，这些图书馆还积极引进国内外优质的数字资源，不断丰富馆藏内容，提高资源的可及性和利用率。

国内公共图书馆在大数据资源建设方面已经取得了一定的成果和经验。通过采用大数据技术对馆藏资源进行数字化处理、整合和分析，公共图书馆能够为用户提供更加精准、个性化的资源推荐和服务，提高资源的利用率和用户满意度。同时，公共图书馆还积极探索数字化服务的新模式，不断满足用户多元化的需求，提升服务水平。

第二节　国外成功案例

在大数据环境下，国外公共图书馆在资源建设方面积累了许多令人瞩目的成功案例。这些案例不仅展示了大数据技术的先进性和实用性，也为国内图书馆提供了宝贵的经验和借鉴。

纽约公共图书馆是美国最大的公共图书馆之一，也是全球最早应用大数据技术的图书馆之一。该图书馆通过大数据技术，对馆藏资源、用户行为、社会动态等多方面数据进行深度分析和挖掘。例如，他们利用用户借阅记录和行为数据，分析用户的阅读偏好和兴趣点，进而优化图书采购和分类。此外，纽约公共图书馆还通过社交媒体和在线平台收集用户反馈和意见，实时调整服务策略和内容，提升用户满意度。这些举措不仅提高了图书馆的服务效率和质量，也极大地丰富了用户的阅读体验。

英国国家图书馆是世界上最古老的公共图书馆之一，也是全球领先的数字图书馆之一。该图书馆在大数据资源建设方面注重将传统文献与数字资源相结合，打造全方位的阅读服务平台。该图书馆通过数据挖掘和分析技术，对海量数据进行深度挖掘和整理，为用户提供个性化、智能化的阅读推荐。此外，英国国家图书馆还通过合作与共享机制，与其他图书馆和机构共同建设数字资源，实现资源的最大化利用。这些举措不仅提升了图书馆的服务水平和影响力，也推动了全球数字图书馆的发展。

澳大利亚国家图书馆在大数据资源建设方面注重利用大数据技术进行用户行为分析和需求预测。该图书馆通过收集和分析用户的在线浏览记录、借阅历史、评论反馈等数据，深入了解用户的阅读需求和兴趣偏好。基于这些分析结果，图书馆能够精准地为用户提供个性化的图书推荐和定制化的服务。此外，澳大利亚国家图书馆还通过与其他机构和企业的合作，共同开发和应用大数据技术，推动图书馆行业的创新和发展。这些努力不仅提高了图书馆的服务质量和效率，也增强了图书馆在社会文化领域的影响力和竞争力。

新加坡国家图书馆在大数据资源建设方面注重利用大数据技术进行用户画像和精准服务。该图书馆通过收集和分析用户的借阅记录、在线浏览行为、社交媒体互动等多维度数据，构建用户画像，了解用户的兴趣爱好、阅读需求和行为习惯。基于这些用户画像，图书馆能够为用户提供更加精准和个性化的服务，如定制化推荐、智能化导览等。此外，新加坡国家图书馆还通过大数据技术对馆藏资源进行优化和整合，提高资源的利用率和覆盖率。这些举措不仅提升了图书馆的服务品质和用户满意度，也树立了图书馆在社会文化领域的重要地位。

丹麦哥本哈根皇家图书馆在大数据资源建设方面注重利用大数据技术进行知识挖掘和创新服务。该图书馆通过收集和分析馆藏资源、用户行为、科研动态等多方面数据，挖掘隐藏在数据背后的知识和价值。基于这些分析结果，图书馆能够为用户提供高质量的知识服务和创新支持，如科研数据分析、学术趋势预测等。此外，哥本哈根皇家图书馆还通过开放数据和合作共享机制，推动图书馆与其他机构之间的合作与交流。这些努力不仅促进了图书馆行业的创新和发展，也为用户提供了更加丰富和多样的知识资源和服务体验。

这些国外公共图书馆的成功案例表明，在大数据环境下，图书馆可以通过应用大数据技术来优化资源配置、提升服务质量和效率、增强用户满意度和黏性。同时，这些案例也为我们提供了宝贵的经验和启示，为国内图书馆在大数据资源建设方面提供了有益的参考和借鉴。

第四章　我国公共图书馆大数据资源建设面临的挑战与解决策略

第一节　数据安全

随着大数据技术的广泛应用，图书馆在数据采集、存储、传输和使用过程中会面临各种潜在的数据安全风险。首先，数据泄露是公共图书馆面临的主要安全挑战之一。大数据资源建设涉及大量的用户数据，包括读者的个人信息、借阅记录和搜索记录等敏感信息。一旦这些数据被泄露，可能导致读者的隐私权被侵犯，甚至引发个人信息泄露风险。其次，数据篡改和损坏也是公共图书馆面临的数据安全挑战。在大数据资源建设过程中，图书馆需要确保数据的完整性和准确性。然而，黑客攻击、病毒入侵等恶意行为可能导致数据被篡改或损坏，从而影响图书馆的正常运行和数据的可靠性。此外，数据访问控制是另一个需要重视的数据安全挑战。公共图书馆需要确保只有被授权的人员才能访问和使用敏感数据。然而，数据访问控制的管理复杂度较高，存在着非法访问和滥用权限的风险。为了解决数据安全挑战，公共图书馆可以采取一系列的策略和措施。首先，图书馆需要加强对数据的保密和加密。敏感数据在存储和传输过程中应该进行加密，确保数据在未经授权的情况下无法被访问和解读。同时，图书馆需要制定严格的数据保密政策和操作规程，明确数据的使用权限和访问控制。其次，图书馆应建立完善的数据安全管理体系和技术系统。图书馆需要制定数据安全管理制度，明确数据安全的责任和流程。同时，图书馆应选用安全性较高的技术系统，包括防火墙、入侵检测系统、安全审计系统等，以提高数据的安全性和可靠性。此外，图书馆还应加强员工的数据安全教育和培训。员工需要具备相应的数据安全意识和技能，了解如何正确处理和保护敏感数据，以减少数据安全风险的发生。在大数据资源建设中，我国公共图书馆需要面对数据安全方面的挑战。通过加强数据保密和加密、建立完善的数据安全管理体系和技术系统、加强员工的数据安全教育和培训等措施，图书馆可以有效应对数据安全挑战，保障用户数据的保密性、完整性和可靠性。

在公共图书馆大数据资源建设的过程中，数据安全无疑是至关重要的环节。随着信息技术的发展，数据泄露、篡改、滥用等安全事件层出不穷，给图书馆和广大用户带来了巨大风险。因此，加强数据安全保护的法律法规建设显得尤为迫切。我国现有的数据安全法律法规体系尚不完善，缺乏专门针对公共图书馆大数据资源的安全保护规定，这导致图书馆在数据收集、存储、处理、传输和共享等各个环节都面临着法律空白和监管缺失的问题。因此，有必要制定和完善相关的法律法规，明确图书馆在数据安全保护中的责任和义务，规范数据的使用和传播行为。现有的法律法规在数据安全保护方面缺乏具体的可操作性和可执行性。很多规定过于笼统和模糊，难以有效指导图书馆的实际工作。因此，需要制定更加具体、明确和具有可操作性的法律法规，为图书馆提供清晰的行为准则和操作指南。

随着技术的不断发展，数据安全保护面临新的挑战和问题。例如，云计算、大数据、人工智能等新技术的应用给数据安全带来了新的风险和挑战。因此，法律法规需要及时更新和调整，以适应技术发展的需求。针对以上问题，建议采取以下措施加强数据安全保护的法律法规建设：一是制定专门针对公共图书馆大数据资源的安全保护规定，明确图书馆在数据安全保护中的责任和义务，规范数据的使用和传播行为。二是加强法律法规的可操作性和可执行性，制定具体、明确的行为准则和操作指南，为图书馆提供有效的指导和支持。三是建立健全数据安全监管机制，加强对图书馆数据安全的监管和评估，及时发现和解决安全隐患。四是加强与国际社会的合作与交流，借鉴国际先进经验和技术手段，提高我国数据安全保护的法律法规建设水平。通过加强数据安全保护的法律法规建设，可以为公共图书馆大数据资源建设提供有力的法律保障和支持，促进图书馆的可持续发展和服务创新。

为了确保数据的安全性，公共图书馆需要采用一系列数据加密与安全存储技术来保护用户数据和图书馆资源。数据加密技术是保障数据安全的重要手段。公共图书馆可以采用对称加密和非对称加密技术对数据进行加密，确保数据在传输和存储过程中不被泄露。对称加密技术使用相同的密钥进行加密和解密，如 AES 加密算法；非对称加密技术使用一对密钥进行加密和解密，如 RSA 加密算法。公共图书馆可以根据实际情况选择合适的加密技术来保护用户数据的安全性。安全存储技术是另一种保障数据安全的重要手段。公共图书馆需要确保用户数据和图书馆资源在存储过程中不被泄露、篡改或丢失。为了实现安全存储，公共图书馆可以采用数据加密、访问控制、安全审计等技术来保护数据的安全性。例如，公共图书馆可以采用 RAID（冗余磁盘阵列）技术来提高数据存储的可靠性和安全性；采用数据备份和恢复技术来防止数据丢失。此外，公共图书馆还需要建立完善的数据安全管理制度和措施，确保数据安全。公共图书馆可以制定数据安全政策和规定，明确数据安全的管理责任和措施；建立数据安全监测和预警机制，及时发现和处理数据安全事件；加强数据安全培训和教育，提高员工和用户的数据安全意识。公共图书馆大数据资源建设面临的数据安全问题需要通过采用数据加密与安全存储技术来解决。公共图书馆需要确保用户数据和图书馆资源的安全性，制定完善的数据安全管理制度和措施，从而为用户提供安全、可靠的资源服务。

数据安全审计旨在对数据的使用和访问进行全面监测和审查，以确保数据的合规性和安全性。审计主要是指对数据访问记录的监测和审查，包括读者的借阅记录、查询记录、下载记录等。通过对这些记录进行分析和比对，可以发现异常的数据访问行为，如非法访问、滥用权限等，从而及时采取措施解决安全问题。数据安全监测则是对数据存储和传输过程进行实时监测和检测。通过使用专业的安全监测系统和技术工具，图书馆可以实时检测数据传输中的威胁和风险，包括入侵行为、病毒攻击、数据泄露等，及时发现并采取措施解决这些问题。为了实施数据安全审计与监测，图书馆需要建立数据安全审计和监测的机制和流程，制定明确的审计和监测规范，明确责任和权限，确保数据安全审计和监测工作的顺利进行。图书馆应使用专业的数据安全审计和监测工具。选择合适的安全监测系统和技术工具，能够提供全面的数据安全监测和实时的数据审计功能。这些工具可以对数据的访问、存储、传输等环节进行监测，及时发现并报告异常或风险情况。此外，图书馆还需要建立数据安全监测和审计的团队。这个团队可以负责数据安全监测和审计工作，包括对数据访问记录的分析和审查，对安全风险的检测和处理等。团队成员需要掌握专业的数据安全技术和知识，能够熟练操作安全监测和审计工具。图书馆需要将数据安全审计和监测作为工作持续改进的一部分。定期评估数据安全审计和监测工作的效果，根据评估结果对工作流程和技术工具进行优化和改进，提高数据安全保障的水平。数据安全审计与监测是解决我国公共图书馆大数据资源建设中数据安全挑战的重要策略之一。通过建立数据安全审计和监测机制，使用专业的工具和技术，建立专门的团队，并将数据安全审计与监测作为持续改进的一部分，公共图书馆可以及时发现并解决数据安全问题，保障用户数据的保密性、完整性和可靠性。

第二节　隐私保护

随着大数据技术的广泛应用，图书馆在收集、整合和利用用户数据时，面临着用户隐私泄露和滥用的风险，这既是对用户权益的侵害，也是对图书馆服务宗旨的背离。图书馆在大数据采集过程中，不可避免地会触及用户的个人信息和阅读偏好等敏感数据。这些数据一旦被泄露或滥用，可能会导致用户遭受财产损失、精神压力甚至社会歧视。然而，当前许多图书馆在数据采集和使用时缺乏明确的隐私政策告知，用户往往在不知情的情况下被采集了数据，这无疑增加了隐私泄露的风险。图书馆在大数据处理和分析过程中，可能涉及对用户数据的深度挖掘和关联分析。这种分析虽然有助于图书馆提供更精准的服务，但也可能会揭示用户的个人隐私，如健康状况、家庭关系等。如果这些数据被不当使用或泄露，将对用户的隐私权造成严重侵害。图书馆在大数据共享和合作中，也面临着隐私泄露的风险。随着图书馆与其他机构、企业等合作日益紧密，数据共享成为常态。然而，在数据共享过程中，如何确保用户隐私不被泄露和滥用，成为一个亟待解决的问题。当前，许多图书馆在数据共享方面缺乏明确的隐私保护措施和监管机制，这无疑增加了隐私泄露的风险。图书馆在隐私保护方面还存在技术和管理上的不足。一方面，图书馆在数据采集、存储、处理等环节缺乏先进的安全技术和手段来保护用户隐私；另一方面，图书馆在隐私保护方面的管理制度和流程也存在漏洞和不足，难以有效防止隐私泄露事件的发生。我国公共图书馆在大数据资源建设过程中面临着严重的隐私保护问题。这些问题既涉及技术层面的挑战，也涉及管理层面的不足。因此，图书馆需要采取切实有效的措施来加强隐私保护工作，确保用户隐私得到充分尊重和保护。

图书馆在收集、存储、处理和利用用户数据时，需要充分考虑用户的隐私权益，遵循伦理道德原则，实现隐私保护与公共利益之间的平衡。首先，公共图书馆需要尊重用户的知情权和选择权。在收集用户数据时，图书馆应明确告知用户数据的用途、类型和收集方式，让用户了解自己的隐私权益。同时，用户应有权选择是否愿意向图书馆提供个人数据，图书馆不得强迫用户提供数据。其次，公共图书馆需要遵循最小化原则，仅收集与图书馆服务相关的必要数据。图书馆应尽量避免收集与提供服务无关的敏感信息，以减少对用户隐私的侵犯。此外，公共图书馆还需要在数据处理和利用过程中，确保用户隐私不被泄露、篡改或滥用。图书馆应采取严格的数据访问控制和权限管理措施，确保用户数据仅在合法、必要的范围内使用。同时，图书馆需加强对内部员工和合作单位的隐私保护教育和培训，提高他们的隐私保护意识。在公共图书馆大数据资源建设过程中，实现隐私保护与公共利益之间的平衡至关重要。图书馆需要在保障用户隐私权益的同时，充分利用大数据技术为用户提供更加优质、便捷的服务。为了实现这一目标，公共图书馆可以建立完善的隐私保护管理制度和措施，开展隐私保护伦理道德宣传和教育活动，提高公众对隐私保护重要性的认识。在公共图书馆大数据资源建设过程中，隐私保护是一个重要的伦理道德问题。公共图书馆需要充分考虑用户的隐私权益，遵循伦理道德原则，实现隐私保护与公共利益之间的平衡。通过加强隐私保护教育和培训、制定完善的隐私保护管理制度和措施，公共图书馆可以为用户提供安全、可靠的大数据资源服务。

制度设计方面，公共图书馆可以采取以下策略来保护读者的隐私。首先，图书馆应明确规定读者个人信息的收集与使用目的，并在收集用户信息时明确告知读者，确保信息的合法、正当使用。图书馆应将收集的个人信息仅用于服务提供、信息推送以及提高服务质量等合法目的，并严禁将个人信息用于其他商业用途。其次，公共图书馆应建立完善的读者个人信息保护制度和管理规定，制定和实施个人信息保护政策、安全管理办法，明确个人信息的收集、存储、使用和保护的相关规定。同时，建立专门的信息管理部门或岗位，负责个人信息的安全管理和监督。此外，图书馆还应加强对工作人员的培训和教育，提高其对读者隐私保护的意识和能力。工作人员应严格遵守保密规定，不得私自查阅和使用读者的个人信息。图书馆可以定期进行培训和考核，提高员工对隐私保护的重视程度。另外，公共图书馆可以采用匿名化和脱敏处理等技术手段来保护读者的隐私。图书馆在收集个人信息时，可对关键信息进行加密处理，减少敏感信息的泄露风险。同时，图书馆可以采用匿名化的方式对用户数据进行统计和分析，以保护个人隐私。最后，公共图书馆还应加强与相关法律法规的对接，确保读者隐私的合法保护。图书馆应了解并遵守相关法律法规，如个人信息保护法、网络安全法等，确保个人隐私得到法律保护。在我国公共图书馆大数据资源建设中，保护读者隐私对于维护读者权益和公共信任至关重要。通过明确规定个人信息收集与使用目的、完善制度和管理规定、加强员工培训和教育、采用技术手段保护个人隐私以及与相关法律法规对接，公共图书馆能够有效地保护读者的隐私权利，确保个人信息的合法、安全和保密处理。

在公共图书馆大数据资源建设过程中，隐私保护技术手段的运用显得尤为重要。随着技术的不断进步，越来越多的隐私保护方法被应用到图书馆的大数据管理中，旨在确保令用户隐私得到充分保护的同时，实现数据的有效利用。数据加密技术是保护用户隐私的关键手段之一。图书馆在采集、存储和传输用户数据时，应采用先进的加密算法对数据进行加密处理，确保数据在未被授权的情况下无法被访问或泄露。同时，图书馆还需要定期更新加密技术，以应对不断变化的网络安全威胁。匿名化处理是另一种常用的隐私保护方法。通过对用户数据进行匿名化处理，即去除或替换能够直接识别用户身份的信息，可以有效降低隐私泄露的风险。图书馆在利用大数据进行用户行为分析时，应采用匿名化数据进行分析，避免直接关联到个人身份。差分隐私技术也为图书馆提供了强大的隐私保护能力。通过向原始数据中添加随机噪声，差分隐私技术可以在保证数据分析结果准确性的同时，显著降低个人隐私泄露的风险。图书馆在发布数据分析报告或提供个性化推荐服务时，可以运用差分隐私技术来保护用户隐私。除了上述技术手段外，隐私保护算法也是图书馆大数据资源建设中不可或缺的一环。这些算法可以在保护用户隐私的前提下，实现数据的挖掘和分析。例如，k-匿名算法、l-多样性算法等，都可以帮助图书馆在保护用户隐私的同时，获取到有价值的信息。图书馆还应建立完善的数据安全监控和应急响应机制。通过对大数据系统进行实时监控和预警，图书馆可以及时发现并应对潜在的安全威胁。同时，应建立应急响应机制，在发生隐私泄露事件时迅速采取措施，减轻损失并保障用户权益。隐私保护技术手段的运用对于公共图书馆大数据资源建设至关重要。通过综合运用数据加密、匿名化处理、差分隐私技术、隐私保护算法以及数据安全监控和应急响应机制等手段，图书馆可以在保护用户隐私的同时，实现大数据的有效利用和管理。这将有助于提升图书馆的服务水平，增强用户的信任度，推动公共图书馆事业的可持续发展。

第三节　技术人才短缺

我国公共图书馆大数据资源建设面临的挑战之一是技术人才短缺。图书馆专业人才队伍中，熟悉大数据技术和应用的人才比例较低。大多数图书馆工作人员缺乏对大数据技术的深入理解和实际操作经验，难以应对大数据时代的挑战。当前，图书馆人才的招聘和培训方面存在不足。图书馆在招聘过程中对大数据技术的重视程度不够，同时，图书馆对内部员工的培训也相对较少，导致员工缺乏足够的技能和知识来应对大数据时代的挑战。图书馆与外界大数据技术人才的合作和交流不够。图书馆可以与高校、研究机构等建立合作关系，共享技术和人才资源，以弥补自身在大数据技术方面的不足。为解决公共图书馆大数据资源建设中的技术人才短缺问题，图书馆可以加强对现有员工的培训，提高员工对大数据技术的认识和掌握。同时，图书馆还可以鼓励员工参加相关培训课程和研讨会，提高自身的技能和知识水平。图书馆在招聘过程中应加大对大数据技术的重视程度，优先招聘熟悉大数据技术的人才。此外，图书馆还可以加强对内部员工的培训，提高员工的技能和知识水平。图书馆可以与高校、研究机构等建立合作关系，共享技术和人才资源。通过合作交流，图书馆可以更快地掌握先进的大数据技术，提高自身的人才培养水平。公共图书馆大数据资源建设中的技术人才短缺问题需要通过多种途径解决。通过提高现有员工的技能和知识水平、优化招聘和培训、加强合作和交流，公共图书馆可以应对大数据时代的挑战，为用户提供更加优质、便捷的服务。

图书馆可以加强技术人才培养。通过与高校和科研机构的合作，图书馆可以建立起人才培养的长效机制。图书馆可以与相关院校合作开设图书馆信息技术相关专业的本科和研究生课程，培养符合图书馆大数据资源建设需求的专业人才。同时，图书馆还可以定期开展技术培训和进修活动，提升现有员工的技术水平和能力。图书馆可以加大对技术人才的引进力度。通过人才招聘、引进专业技术人员等方式，吸引具有相关技术背景和实践经验的人才加入。在招聘和引进过程中，要重点考虑候选人的技术技能、创新能力和团队合作意识，以确保所引进的人才能够适应图书馆大数据资源建设的要求。此外，图书馆还可以积极与行业内的高水平技术团队合作。与企业、科研机构等合作，引入外部的技术力量，共同开展项目研究和实施，共享资源和人才。这种合作模式可以提高图书馆的技术创新能力和资源利用效率。另外，图书馆可以通过提供对优秀人才具有吸引力的福利待遇和发展空间，提高技术人才的留存率和积极性。图书馆可以提供具有竞争力的工资待遇，提供良好的工作环境和福利待遇，为技术人才提供广阔的职业发展空间，激发他们的创新潜力和工作热情。图书馆可以加强技术人才交流与合作，与其他图书馆、企业、科研机构等开展技术交流与合作，共享资源和经验。通过开展技术交流和合作，图书馆可以吸取其他单位的成功经验，提高技术工作水平。为了解决我国公共图书馆大数据资源建设中技术人才短缺的问题，公共图书馆可以采取技术人才培养与引进的策略。通过加强技术人才的培养、引进优秀人才、与行业内团队合作、提供良好待遇和发展空间以及加强技术交流与合作等措施，能够有效提升公共图书馆的技术实力和创新能力，推动大数据资源建设的发展。

在我国公共图书馆大数据资源建设的进程中，技术人才短缺已成为制约发展的重要因素。为了应对这一挑战，图书馆员技能的提升与培训显得尤为重要。在大数据时代，图书馆员不仅需要具备传统的图书馆学知识，还需要掌握数据分析、数据挖掘、数据可视化等前沿技术。为了提升图书馆员的技能水平，首先，图书馆应该制定系统的培训计划，包括定期举办技术培训课程、邀请专家学者进行专题讲座、组织内部技术交流会等。这些培训活动旨在帮助图书馆员了解大数据技术的最新发展，掌握相关工具和平台的使用方法。其次，图书馆应该鼓励图书馆员参与继续教育项目，如攻读硕士学位、参加专业认证考试等。通过继续教育，图书馆员可以系统地学习大数据相关知识和技能，提升自己的专业素养和竞争力。此外，图书馆还应该建立激励机制，鼓励图书馆员自主学习和持续进步。例如，可以设立技能提升奖励基金，对在技能提升方面取得显著成绩的图书馆员给予物质和精神上的双重奖励。在培训内容上，图书馆应该注重理论与实践相结合。除了教授理论知识外，还应该通过案例分析、实践操作等方式，帮助图书馆员将所学知识转化为实际操作能力。同时，图书馆应该关注图书馆员的个性化需求，根据每个人的特长和兴趣制定个性化的培训方案。最后，图书馆应该加强与高校、科研机构等外部机构的合作与交流，共同推进图书馆员技能提升工作。通过合作与交流，图书馆可以引入外部资源和力量，为图书馆员提供更广阔的学习和发展空间。图书馆员技能提升与培训是应对技术人才短缺问题的重要途径。通过制定系统的培训计划、鼓励继续教育、建立激励机制、注重理论与实践相结合以及加强合作与交流等措施，图书馆可以有效提升图书馆员的技能水平，为大数据资源建设提供有力的人才保障。这将有助于推动我国公共图书馆事业的持续发展和创新进步。

面对我国公共图书馆大数据资源建设中的技术人才短缺问题，可以采取激励机制与人才留存措施来解决。这些措施旨在吸引和留住优秀的技术人才，激励他们投身于公共图书馆大数据资源建设，并持续地提升技术水平和创新能力。一种激励机制是建立良好的薪酬和福利体系。公共图书馆可以制定具有竞争力的薪酬政策，给予技术人才合理的薪酬待遇。此外，图书馆还可以提供良好的福利待遇，如弹性工作时间、培训补贴、职业发展机会等，以更好地满足技术人才的需求。另一种激励机制是构建广阔的发展空间和晋升机制。公共图书馆可以设立技术人才的职业发展路径，并提供晋升、晋级等机会。同时，图书馆可以为技术人才提供创新项目和研究项目的机会，以激发他们的创新精神和积极性。此外，公共图书馆还可以提供丰富的培训和学习资源，以提升技术人才的技能和知识水平。图书馆可以组织培训班、研讨会等专业活动，补充技术人才的知识和技能，使其与大数据技术的发展保持同步。在人才留存方面，公共图书馆可以采取以下措施。首先，建立良好的团队文化和工作氛围，提供积极向上、合作共赢的工作环境，增强团队凝聚力与归属感。其次，为技术人才提供广阔的发展空间和职业晋升机会。公共图书馆可以制定人才发展规划，为技术人才提供培训和学习的机会，帮助他们在职业道路上不断成长。此外，可以定期进行员工评估和激励，为技术人才提供良好的晋升机会和薪资福利待遇，激发他们的工作动力和创新能力。面对技术人才短缺问题，公共图书馆可以通过建立激励机制和人才留存措施来解决。通过合理的薪酬和福利待遇，提供广阔的发展空间和晋升机制，提供丰富的培训和学习资源，建立良好的团队文化和工作氛围，公共图书馆能够吸引和留住优秀的技术人才，为大数据资源建设提供稳定的技术支持。

第四节　解决策略

为了应对我国公共图书馆大数据资源建设面临的挑战，构建完善的大数据资源体系显得至关重要。通过与出版商、数据库商等合作，引进各类数字资源，如电子图书、电子期刊、数字图像、数字音频、数字视频等，丰富图书馆的数字资源库。同时，图书馆还应整合各类资源，如本馆特色资源、网络资源、其他图书馆的资源等，为读者提供一站式服务。图书馆应重视对开放获取资源的开发与利用。开放获取资源具有丰富的学术价值，包括学术论文、学位论文、会议论文、报告、专利、标准等。图书馆可以通过购买、自建和合作等方式，建立开放获取资源库，引导和帮助读者充分利用这些资源。此外，图书馆应关注各类政策法规和行业标准，确保资源建设的合规性。图书馆应关注国家政策和图书馆行业标准，如《中华人民共和国著作权法》《中华人民共和国公共图书馆法》《公共图书馆服务规范》等，确保资源建设符合法律法规要求。同时，图书馆应积极参与行业标准的制定和修订，推动大数据资源建设的规范化。图书馆应加强对资源建设的质量监控和评价，通过建立完善的资源质量监控机制，对资源建设的全过程进行监控和评估，确保资源建设的质量。同时，图书馆可以开展资源建设评价工作，邀请专家、读者等对资源建设进行评价，为资源建设提供改进意见。为解决我国公共图书馆大数据资源建设面临的挑战，构建完善的大数据资源体系是关键。通过加大对数字化的投入和整合力度、重视开放获取资源、关注政策法规和行业标准以及加强资源建设的质量监控和评价，公共图书馆可以更好地应对大数据资源建设中的挑战，为读者提供更加丰富、优质的资源服务。

在我国公共图书馆大数据资源建设的挑战中，资金短缺是一个不可忽视的问题。为了推动大数据资源建设的持续发展，提升资金投入显得尤为关键。这不仅是保障技术更新、人才引进、基础设施建设等物质基础的必要条件，更是提升公共图书馆服务能力和水平的重要支撑。政府应加大对公共图书馆大数据资源建设的财政投入。通过制定明确的财政政策，设立专项资金，为图书馆的大数据项目提供稳定的资金来源。同时，政府应引导社会资本参与图书馆建设，形成多元化的投资格局。公共图书馆应加强与企业、社会组织的合作，拓展资金来源渠道。通过与企业合作，图书馆可以获得技术支持和资金赞助，推动大数据项目的顺利实施。与社会组织的合作则可以为图书馆带来更多的社会资源和关注，提升其在社会上的影响力和认可度。图书馆还应积极争取社会各界的捐赠和资助。通过举办募捐活动、设立捐赠基金等方式，吸引更多的个人、企业和机构为图书馆的大数据资源建设贡献力量。在提升资金投入的同时，图书馆还应注重资金使用的科学性和合理性。建立健全的财务管理制度，确保资金的专款专用和透明使用。同时，加强对资金使用效果的评估和监管，确保每一分钱都用在刀刃上。图书馆应充分利用现有资源，通过自我挖潜、优化配置等方式，降低运营成本，提高资金使用效率。例如，通过优化采购流程、推广电子化资源、开展线上活动等措施，减少不必要的开支，为大数据资源建设提供更多的资金支持。提升大数据资源建设的资金投入是推动我国公共图书馆事业发展的重要保障。通过政府支持、企业合作、社会捐赠以及内部挖潜等多渠道筹集资金，并科学合理地使用和管理资金，我国公共图书馆将能够克服资金短缺的困境，实现大数据资源建设的跨越式发展，为广大公众提供更加优质、高效的图书馆服务。

在大数据时代，图书馆需要与各类机构建立合作关系，共享资源和技术，共同推动大数据资源建设的发展。因此，深化图书馆与其他机构的交流合作是解决公共图书馆大数据资源建设挑战的重要策略之一。首先，公共图书馆需要加强与其他图书馆的合作，共同推进大数据资源建设。公共图书馆可以与其他地区的图书馆建立合作关系，共同开展数据共享、数据挖掘、数据分析等方面的研究，实现资源共享和技术交流。其次，公共图书馆可以与其他类型的图书馆，如高校图书馆、研究机构图书馆等建立合作关系，共同开展大数据资源建设的研究和实践。同时，公共图书馆需要加强与其他相关机构的交流合作。公共图书馆可以与政府部门、企业、研究机构等建立合作关系，共同推进大数据资源建设。例如，公共图书馆可以与政府部门合作，共同开展数据治理、数据安全等方面的研究和实践；

可以与企业合作，共同开发适合大数据时代的数据处理和分析技术；可以与研究机构合作，共同开展大数据技术的研究和开发，提高图书馆的技术水平和创新能力。在深化交流合作的过程中，公共图书馆需要注重合作的深度和广度。不仅要加强技术层面的合作，还需要注重业务和资源的整合。此外，公共图书馆还需要加强与合作伙伴的沟通和协作，建立良好的合作机制和合作流程，确保合作的稳定性和持续性。深化图书馆与其他机构的交流合作是解决公共图书馆大数据资源建设挑战的重要策略之一。公共图书馆可以通过加强与其他图书馆、政府部门、企业、研究机构的合作，共同推进大数据资源建设的发展，提高自身的技术水平和创新能力，为用户提供更加优质、便捷的服务。

创新大数据资源服务模式与技术应用是公共图书馆进行用户需求分析与个性化服务的一个重要策略。通过大数据技术对读者借阅记录、搜索记录、借阅排行榜等数据进行分析，图书馆可以深入了解读者的阅读兴趣、偏好和需求，从而提供个性化的资源推荐和服务。图书馆还可以根据读者的特定需求开展定制化的服务，如主题推广、阅读活动、讲座等，提高读者的参与度和满意度。公共图书馆可以积极利用可视化和交互式技术，提供更加丰富的资源展示和使用体验。通过大数据技术，图书馆可以将图书馆的藏书、数字资源等大数据展示在人们面前，利用可视化技术呈现出生动、直观的效果。此外，图书馆还可以利用交互式技术，为读者提供更加方便、灵活的资源访问和使用方式,如全文检索、在线阅读、资源下载等。公共图书馆可以探索智能化服务模式。结合大数据技术和人工智能技术,图书馆可以实现智能化的资源推荐、问答系统、自助借还书等服务。例如,通过自然语言处理和机器学习等技术,图书馆可以构建智能问答系统,为读者提供快速、准确的问题解答。这样的创新服务将提高图书馆的服务效率和用户体验。公共图书馆可以与其他领域开展合作,探索跨界应用的创新模式。例如,公共图书馆可以与社区、学校、企业等进行合作,共同利用大数据资源开展各种项目和活动。可以借助大数据技术,在与社区合作的过程中实现对社区居民阅读需求的分析和满足,为社区居民提供更加符合其需求的图书馆服务。创新大数据资源服务模式与技术应用是解决我国公共图书馆大数据资源建设面临挑战的重要策略。通过数据驱动的用户需求分析与个性化服务、可视化和交互式技术、智能化服务模式和跨界合作的创新模式,公共图书馆可以提供更加优质、便捷、多样化的服务,满足读者的多样化需求,推动大数据资源建设的创新与发展。

第五章　公共图书馆大数据资源建设的
技术支持

第一节　大数据技术概述

大数据技术，顾名思义，是指处理和分析海量数据的一系列技术集合。在当今信息爆炸的时代，大数据技术已经渗透到各个领域，特别是在公共图书馆资源建设中，它发挥着举足轻重的作用。大数据技术的定义可以理解为：通过特定技术手段，对规模巨大、类型多样、处理速度要求高的数据进行高效捕获、存储、管理和分析的过程。大数据技术具有几个显著的特点。首先，是数据体量的巨大性，大数据技术能够处理的数据规模远超过传统数据库的处理能力，动辄以 TB 甚至 PB 为单位。其次，是数据类型的多样性，不仅包括结构化数据，如图书馆中的书目信息、借阅记录等，还包括非结构化数据，如社交媒体上的用户评论、图片、视频等。再次，是处理速度的高效性，大数据技术通过分布式计算、内存计算等技术手段，实现了对数据的实时或近实时处理。最后，是分析价值的潜在性，通过对大数据的深入挖掘和分析，可以发现隐藏在数据背后的规律和趋势，为决策提供支持。在公共图书馆资源建设中，大数据技术的运用不仅可以提高图书馆的服务水平，还可以优化资源配置、提升管理效率。例如，通过分析读者的借阅记录和行为习惯，图书馆可以更加精准地推荐图书和服务，满足读者的个性化需求。同时，通过对图书馆藏书的数据分析，可以优化藏书结构，提高藏书的利用率。此外，大数据技术还可以帮助图书馆进行风险管理、预测未来的发展趋势等。大数据技术以其独特的优势，为公共图书馆资源建设提供了强大的技术支持。在未来的发展中，随着大数据技术的不断创新和完善，其在公共图书馆领域的应用将更加广泛和深入，为图书馆事业的可持续发展注入新的活力。

大数据技术为公共图书馆大数据资源建设提供了重要的技术支持。大数据技术通过处理、存储和分析大规模数据集，帮助图书馆从海量的数据中获取和洞察有价值的信息，提供精准的资源推荐、个性化的服务以及更好的决策支持。大数据技术的应用在带来丰富价值的同时，也面临着一些挑战。一方面，大数据技术的应用为公共图书馆带来了丰富的价值。首先，大数据技术可以通过分析用户的借阅行为、阅读偏好和搜索记录等数据，为用户提供个性化的资源推荐和服务，这可以大大提升用户的阅读体验和满意度。其次，大数据技术可以帮助图书馆深入了解用户、资源和服务的关系，从而优化资源的采购和分配，提高资源的利用效率和效益。此外，大数据技术还可以帮助图书馆进行数据挖掘和分析，发现资源之间的关联和共性，为用户提供更加全面、丰富的知识服务。大数据技术的应用也面临着一些挑战。首先，数据质量和隐私保护是大数据应用面临的主要挑战之一。公共图书馆需要保障用户数据的安全和隐私，同时确保数据的准确性和完整性。其次，技术人才短缺和技术水平不足是制约大数据应用的原因所在。公共图书馆需要拥有足够的技术人才来处理和分析大数据，同时也要不断提高技术人才的技能和知识水平。此外，成本和资源投入也是大数据应用的挑战之一，公共图书馆需要投入相应的资源和资金来建设和维护大数据平台，并保证平台的稳定性和可靠性。为了克服这些挑战，公共图书馆可以采取以下策略。首先，加强对数据质量和隐私保护的管理。公共图书馆需要建立严格的数据管理规范和流程，确保数据的准确性和安全性。其次，加强技术人才队伍的建设。公共图书馆可以通过招聘、培训和合作等方式，吸引和培养具有大数据技术能力的人才。此外，公共图书馆还可以加强与高校和研究机构的合作，共享技术和人才资源，提高大数据技术的研究和应用水平。最后，公共图书馆需要合理规划资源和资金投入，确保大数据平台的建设和维护。大数据技术为公共图书馆提供了丰富的技术支持，能帮助图书馆提升用户体验、优化资源管理，并提供了更好的决策支持。大数据技术的应用在带来丰富价值的同时，也面临着一些挑战，需要图书馆充分认识并采取相应的策略来克服挑战，实现大数据资源建设的可持续发展。

第二节　云计算在公共图书馆资源建设中的应用

云计算作为公共图书馆大数据资源建设的重要技术支持，具有基本原理和架构。云计算是一种基于网络的计算模式，通过网络将计算能力、存储资源、应用程序等按需提供给用户。云计算的基本原理是将计算资源集中存储在云数据中心，用户通过网络云端服务访问和使用这些资源。用户可以根据需要弹性地访问计算资源，避免资源浪费和不必要的投资。云计算利用虚拟化技术将物理资源抽象为虚拟资源，实现对计算、存储和网络等资源的灵活管理和分配。通过虚拟化技术，云计算可以在硬件资源上实现资源的多租户共享，提高资源利用率。云计算具备弹性扩展的能力，可根据用户需求动态分配和释放计算、存储资源。用户可以根据实际需求来调整资源的规模和规格，避免资源的浪费和不必要的成本投入。云计算通过自动化管理提高资源的管理效率和可靠性。云计算平台可以自动管理和监控资源的使用情况，进行负载均衡、故障恢复、备份和安全管理等工作，提升系统的稳定性和可靠性。云计算的架构包括以下几个核心组件。

前端接口：提供用户与云计算资源交互的接口和用户界面，用户可以通过这些接口提交计算任务、管理虚拟机实例等。后端资源池：提供计算、存储、网络等各种资源，以满足用户的需求。后端资源池使用虚拟化技术将物理资源抽象为虚拟资源，实现资源的弹性扩展和灵活管理。虚拟化管理：负责对虚拟资源进行管理与调度，包括资源的分配、释放、监控和负载均衡等。数据中心架构：数据中心是云计算资源存储和管理的核心，包括大规模的服务器集群、存储设备、网络设备等。数据中心采用分布式架构，实现资源的高可用性和负载均衡。云计算作为公共图书馆大数据资源建设的技术支持，通过虚拟化技术、弹性扩展机制、自动化管理等实现资源的灵活分配和管理。云计算的基本原理和架构提供了高效、可靠的资源运行环境，帮助公共图书馆更好地实现了大数据资源的存储、计算和服务，满足读者的需求。

云计算作为一种先进的信息技术架构，其在公共图书馆资源建设中的应用，为图书馆带来了前所未有的优势。这些优势不仅体现在数据存储和管理的效率提升上，更在于服务创新、成本节约以及可持续性发展等多个方面。首先，云计算提供了巨大的存储空间和灵活的数据处理能力。通过云计算，图书馆可以将海量的数字化资源存储在云端，释放了本地的物理存储空间限制，同时利用云计算强大的计算能力，进行高效的数据处理和分析。这极大地提高了图书馆资源建设的效率和响应速度。其次，云计算促进了公共图书馆服务模式的创新。借助云计算平台，图书馆可以实现服务的个性化、智能化和移动化。例如，通过数据分析，图书馆可以为读者提供更加精准的图书推荐和借阅服务；通过智能问答系统，读者可以随时随地获取所需信息；通过移动应用，读者可以方便地查询图书、预约座位等。这些创新的服务模式大大提高了图书馆的吸引力和用户满意度。再次，云计算有助于降低公共图书馆的运营成本。传统的图书馆资源建设需要投入大量的资金用于购买和维护硬件设备、软件系统等。而云计算采用了按需付费的模式，图书馆只需支付实际使用的服务费用，大大减轻了经济压力。此外，云计算的自动化管理和维护也降低了图书馆的人力成本。最后，云计算有助于公共图书馆实现可持续发展。随着技术的发展和读者需求的变化，图书馆需要不断更新和优化其资源建设和服务模式。云计算提供了灵活、可扩展的技术架构，图书馆可以根据实际需求随时调整资源配置，确保图书馆资源建设的可持续性。云计算在公共图书馆资源建设中的优势主要体现在提高效率、促进创新、降低成本和实现可持续发展等多个方面。随着云计算技术的不断发展和完善，其在公共图书馆领域的应用将更加广泛和深入，为图书馆事业的繁荣和发展提供强有力的支持。

云计算面临的挑战之一是数据安全和隐私保护。公共图书馆在使用云计算服务提供商提供的云平台时，需要确保数据的安全性和隐私性。为了解决这个问题，公共图书馆可以选择可信的云服务提供商，确保其具备严格的数据安全管理和隐私保护措施。同时，图书馆还可以加强对数据的加密和访问控制，以保障用户数据的安全和隐私。云计算面临的挑战之二是性能和可靠性。公共图书馆需要确保云平台的性能和可靠性能够满足用户的需求。为解决这个问题，公共图书馆可以选择具备高性能和高可靠性的云服务提供商，并考虑采用云平台冗余和备份的方式来提高系统的可用性和容错性。云计算面临的挑战之三是成本和控制。公共图书馆需要考虑云计算的成本效益和资源控制问题。为了解决这个问题，图书馆可以制定合理的云计算资源使用策略，并根据需要调整资源的使用量和规模，以提高资源利用率和降低成本。云计算为公共图书馆大数据资源建设提供了重要的技术支持。云计算技术仍面临着诸多挑战。在数据安全和隐私保护方面，需要采取相应的措施来确保数据的安全性。同时，还需关注性能和可靠性问题，选择合适的云服务提供商，并采取冗余和备份措施提高系统的可用性和容错性。此外，公共图书馆也需要合理控制成本和资源使用，制定适当的资源使用策略，以提高资源利用效率和降低成本。通过采取这些措施，公共图书馆可以充分利用云计算技术的优势，实现高效、灵活的大数据资源建设。

第三节　物联网技术在公共图书馆资源建设中的应用

物联网技术作为公共图书馆大数据资源建设的重要技术支持，其基本原理可靠，应用领域广泛。物联网技术是指通过信息传感设备如射频识别设备、红外感应器、全球定位系统、激光扫描器等，按照约定的协议，将任何物体与网络相连接，进行信息交换和通信，以实现智能化识别、定位、跟踪、监管等功能。物联网技术的基本原理是将物体通过各种信息传感设备与网络连接，实现对物体的智能化识别和管理。在公共图书馆资源建设中，物联网技术的应用领域广泛，通过物联网技术，可以实现图书的智能化识别、定位、跟踪和管理。例如，可以利用射频识别设备对图书进行识别和跟踪，实现图书借阅、归还、位置查询等功能，提高图书管理效率。通过物联网技术可以实现图书馆资源的共享和调配。例如，可以利用物联网设备实现图书的借阅、归还等操作，同时，通过云计算技术实现资源的共享和管理，提高资源利用率。物联网技术可以实现图书馆的智能化服务，如自助借还书、智能导航、智能咨询等。这些服务可以提高图书馆的服务水平和效率，满足读者的多样化需求。物联网技术作为公共图书馆大数据资源建设的技术支持，通过智能化识别、定位、跟踪等功能，实现对图书馆资源的智能化管理，提高图书馆的服务水平和效率，满足读者的多样化需求。

物联网技术的引入，为公共图书馆资源建设带来了革命性的变革。物联网技术通过实现物与物、人与物之间的智能互联，不仅极大提升了图书馆的管理效率和服务水平，更在推动图书馆向智慧化、自动化方向发展中起到了关键作用。在图书馆的资源管理方面，物联网技术通过 RFID（无线射频识别）等技术手段，实现了对图书、设备等资产的实时监控和追踪。这不仅极大减少了人工盘点和查找的工作量，提高了管理效率，而且通过数据的实时更新和分析，图书馆能够更准确地掌握资源的利用情况，为资源的合理配置和优化提供有力支持。在服务创新方面，物联网技术的应用使得图书馆能够提供更加个性化、智能化的服务。例如，通过智能书架系统，读者可以方便地找到所需的图书；通过智能座位管理系统，读者可以实时了解座位的占用情况并预约座位；通过智能荐书系统，图书馆可以根据读者的阅读习惯和兴趣偏好，为其推荐合适的图书。这些创新的服务模式不仅提高了读者的满意度，也进一步增强了图书馆的服务品牌和影响力。此外，物联网技术在提升图书馆环境品质方面也发挥了重要作用。通过环境监测系统，图书馆可以实时监测室内的温度、湿度、光线等环境参数，并根据实际情况自动调节，为读者提供一个舒适、健康的阅读环境。同时，物联网技术还可以与图书馆的节能系统相结合，实现能源的高效利用和节约。物联网技术在公共图书馆资源建设中的应用，不仅提升了图书馆的管理效率和服务水平，更在推动图书馆的智慧化、自动化发展方面起到了关键作用。随着物联网技术的不断发展和创新，其在图书馆领域的应用将更加深入和广泛，为图书馆事业的持续繁荣和发展注入新的活力。

在公共图书馆大数据资源建设中，物联网技术扮演着至关重要的角色。物联网技术可以实现公共图书馆资源的智能化管理。通过将各种传感器与图书馆资源相结合，实现对图书馆资源的实时监控和管理。例如，可以通过传感器实时监测图书馆藏书的存放状态、借阅情况等信息，从而提高图书馆资源的管理效率。物联网技术可以提升公共图书馆的服务质量。通过物联网技术，图书馆可以实现对读者借阅行为的个性化推荐和服务。例如，根据读者的借阅历史和偏好，为其推荐相关的图书或资源，提高读者的借阅满意度和图书馆的服务质量。物联网技术可以促进公共图书馆资源的共享与合作。通过物联网技术，图书馆之间可以实现资源的互联互通和共享。例如，通过物联网技术，读者可以在一个图书馆借阅到另一个图书馆的资源，从而实现图书馆资源的共享和优化配置。然而，物联网技术在公共图书馆资源建设中的应用也面临着一些挑战。首先，物联网技术的实施有着较高的投资成本。传感器设备的购置和维护、网络设施的建设等都需要大量的资金投入。其次，物联网技术的应用需要解决数据安全和隐私保护的问题。在图书馆资源建设中，涉及大量的读者信息和资源数据，如何确保数据的安全和读者的隐私权益是一个亟待解决的问题。此外，物联网技术的应用还需要建立健全的管理和运行机制，包括技术标准、合作协议、运维管理等。为了解决这些挑战，可以采取以下一些解决方案。首先，可以通过政府资金支持、企业合作等多种途径筹集资金，降低图书馆物联网技术实施的成本。其次，可以建立健全的数据安全防护体系，采取加密、身份认证等技术手段，确保数据的安全和读者的隐私权益。同时，可以建立专门的运维团队，负责物联网设备的维护和管理，确保物联网技术的稳定运行。物联网技术在公共图书馆大数据资源建设中具有重要的应用价值。通过物联网技术的应用，可以实现图书馆资源的智能化管理，提升服务质量，促进资源共享与合作。然而，物联网技术的应用也面临着投资成本高、数据安全和隐私保护等挑战。通过解决这些挑战，可以充分发挥物联网技术在公共图书馆资源建设中的作用，为读者提供更高效、便捷的图书馆服务。

第四节　人工智能在公共图书馆资源建设中的应用

人工智能的基本原理和技术方法在公共图书馆资源建设中具有重要的应用价值。人工智能是一种模拟人类智能的技术，通过机器学习、自然语言处理、机器视觉等技术手段，使计算机具有学习、思考和推理的能力。在公共图书馆的资源建设中，人工智能可以帮助图书馆实现智能化管理和服务，提高图书馆的服务效率和用户体验。人工智能的机器学习技术可以用于图书馆的文献分类和推荐。图书馆的资源庞大，很难手动对文献进行分类和组织，通过机器学习技术，可以让计算机自动学习并理解文献的特征，快速准确地进行分类和索引。同时，还可以通过用户行为分析和推荐算法，为用户提供个性化的图书推荐服务，提高用户满意度。自然语言处理技术是人工智能的重要组成部分，在公共图书馆资源建设中有广泛的应用。图书馆内的资源包含大量的文本信息，通过自然语言处理技术，可以将文本信息转化为机器可以理解的形式，实现文本的智能化处理和分析。例如，对文献进行自动摘要和提取关键词，可以帮助用户快速了解文献的内容，提高检索效率。图书馆的数字化转型也是人工智能技术应用的重要方向。通过机器视觉技术，可以实现对图书馆内图书资源的快速识别和人工智能视觉检索，提高图书馆的馆藏管理和检索效率。同时，图书馆可以通过人工智能技术实现对数字化资源的自动化标注和标签化管理，提高资源的利用率和可访问性。通过机器学习、自然语言处理、机器视觉等技术手段，实现图书馆资源的智能化管理和服务，提高图书馆的服务效率和用户体验。但也需要注意人工智能技术的合理应用，保障数据安全和用户隐私，确保人工智能在公共图书馆中的应用是人性化和可持续发展的。

人工智能技术在公共图书馆资源建设中的应用，已经逐渐深入到图书馆工作的各个环节，为图书馆带来了前所未有的变革。其具体应用表现在以下几个方面：

首先，人工智能技术在图书分类和编目方面发挥了巨大作用。传统的图书分类和编目工作耗时且易出错，而人工智能通过深度学习和自然语言处理技术，可以自动识别图书内容，准确进行分类和编目，这不仅大大提高了工作效率，也确保了图书信息的准确性和完整性。其次，人工智能在图书推荐系统中发挥着重要作用。通过分析读者的借阅历史、阅读习惯和兴趣爱好，人工智能可以为读者提供个性化的图书推荐，有效满足读者的阅读需求。这种智能化的推荐系统不仅提高了图书馆的借阅效率，也增强了读者的阅读体验。再次，人工智能在图书馆的自动化服务中也得到了广泛应用。例如，通过智能机器人，图书馆可以实现24小时不间断的自助服务，包括图书查询、借阅、归还等。这不仅节省了人力资源，也为读者提供了更加便捷的服务。此外，人工智能技术还在图书馆的安保系统中发挥着关键作用。通过智能监控和人脸识别技术，图书馆可以实时监控图书馆内的安全状况，有效预防和处理突发事件。同时，人工智能可以通过数据分析，帮助图书馆预测和防范潜在的安全风险。最后，人工智能技术在图书馆的数字化资源建设中也有着重要的应用。通过自然语言处理和机器学习技术，人工智能可以自动识别、分类和整理数字化资源，为图书馆的数字化进程提供有力支持。人工智能在公共图书馆资源建设中的应用已经深入到图书馆的各个环节，为图书馆带来了前所未有的变革。随着人工智能技术的不断发展和完善，其在图书馆领域的应用将更加广泛和深入，为图书馆事业的现代化和智能化发展提供强有力的支持。

在公共图书馆大数据资源建设中，人工智能技术也发挥着重要的作用。通过对读者的借阅历史、阅读偏好、阅读行为等信息进行分析，人工智能可以精准地为读者推荐相关的图书、文献、资料等资源，提高读者的阅读满意度和阅读效率。

人工智能可以通过自动化技术实现图书馆资源的自动化管理。例如，通过自动化借还系统、自动化盘点系统等，可以实现对图书馆资源的自动化管理，提高图书馆的管理效率和服务质量。人工智能还可以通过智能数据分析技术对图书馆大数据资源进行深度挖掘和分析，为图书馆的决策提供数据支持。通过人工智能技术，图书馆可以更好地了解读者的阅读需求和行为，优化图书馆的资源配置和服务模式，提高图书馆的服务水平和竞争力。

人工智能在公共图书馆资源建设中也面临着一些挑战。首先，人工智能技术的应用需要大量的数据支持，但公共图书馆的数据往往较为分散和零碎，需要建立完善的数据采集和整合机制，确保数据的准确性和完整性。其次，人工智能技术的应用需要解决数据安全和隐私保护的问题。在公共图书馆资源建设中，涉及大量的读者信息和资源数据，如何确保数据的安全和读者的隐私权益是一个亟待解决的问题。此外，人工智能技术的发展尚处于不断演进的阶段，需要不断研究和探索新的技术和应用场景，以适应图书馆资源建设的需求。

未来发展方向方面，人工智能技术在公共图书馆资源建设中具有广阔的应用前景。随着人工智能技术的不断发展和完善，未来的公共图书馆可以利用人工智能技术实现更加智能化、个性化和高效化的服务模式。例如，可以通过自然语言处理技术实现智能问答、智能客服等功能，提高图书馆的服务效率和质量；可以通过深度学习技术实现对读者阅读行为的预测和分析，为读者提供更加精准的阅读推荐和服务；可以通过计算机视觉技术实现对图书馆资源的自动化盘点和监控等。总之，人工智能技术在公共图书馆大数据资源建设中具有重要的应用价值。通过人工智能技术的应用，可以实现图书馆资源的个性化推荐、自动化管理和数据分析等，为读者提供更加高效、便捷和个性化的服务。然而，人工智能技术的应用也面临着数据采集和整合、数据安全和隐私保护等问题。未来，需要不断研究和探索新的技术和应用场景，以适应公共图书馆资源建设的需求。

第六章　公共图书馆大数据资源建设的政策与法规

第一节　我国公共图书馆政策与法规现状

公共图书馆政策与法规是我国公共文化服务体系的重要组成部分，也是保障公民基本文化权益的重要手段。近年来，我国公共图书馆政策与法规建设取得了显著进展，为公共图书馆的发展提供了有力的法律保障。目前，我国公共图书馆在国家法律中的地位得到了明确，主要体现在《中华人民共和国公共图书馆法》中。该法明确了公共图书馆的定位、职能、权利和义务，规定了各级政府对公共图书馆的投入和保障措施，为公共图书馆的发展提供了有力的法律支持。公共图书馆在国家法律中享有以下权利：一是享有充足的人财物资源保障，包括经费、场地、设备、人员等方面的支持；二是享有自由、平等、开放的办馆原则，不受任何形式的歧视和限制；三是享有广泛的读者服务权利，包括文献资源、信息服务、数字化服务等；四是享有参与社会文化事务的权利，包括参与决策、制定政策等。同时，我国公共图书馆政策与法规也明确了公共图书馆的义务和责任。公共图书馆应当履行以下职责：一是提供优质的文献资源和服务，满足人民群众的基本文化需求；二是加强文献资源的整合和共享，提高文献资源的利用效率；三是加强数字化建设，提高信息服务水平；四是加强与社会各界的合作，共同推动公共文化事业的发展。我国公共图书馆政策与法规为公共图书馆的发展提供了有力的法律保障，明确了公共图书馆的地位和权利，同时也明确了公共图书馆的义务和责任。这有利于促进公共图书馆事业的健康发展，提高公共文化服务水平，保障公民基本文化权益。各级地方政府也根据国家法律法规制定了相应的政策措施，加强了对公共图书馆的投入和支持，提高了公共图书馆的服务能力和水平。这些政策和措施的实施，为公共图书馆的发展提供了更加有力的保障和支持。

公共图书馆的政策与法规体系是保障图书馆事业健康发展的基石。依据现行的法规体系，公共图书馆的性质与任务得到了明确。根据《中华人民共和国公共图书馆法》以及相关配套政策，公共图书馆被定位公益性文化服务机构，其主要任务是为公众提供文献信息资源服务，促进知识传播和文化传承，提高公民科学文化素质和社会文明程度。公共图书馆的建设与管理原则强调了以人为本、服务至上。政策法规要求公共图书馆在设施建设、资源配置、服务提供等方面，都要充分考虑公众的需求，确保公平、公正、公开的服务原则。这意味着公共图书馆在资源建设中，要注重多样性、实用性和创新性，以满足不同群体、不同需求的读者。公共图书馆的资源建设标准强调了质量与效益。法规要求公共图书馆应当根据服务区域的实际情况，合理规划资源建设，采购的文献信息资源应当具有科学性、实用性和针对性。同时，要通过数字化、网络化等现代技术手段，提高图书馆的资源利用效率和服务质量。此外，公共图书馆的资源建设还应注重知识产权保护。相关法规明确要求，公共图书馆在采购、收藏和管理文献信息资源时，必须遵守知识产权法律法规，尊重知识产权人的合法权益，防止侵权行为的发生。在具体操作层面，公共图书馆行业规范和标准还包括了图书馆服务质量评估、图书馆员职业素养要求、图书馆服务流程优化等多个方面。这些规范和标准的制定与实施，旨在提升公共图书馆的整体服务水平，推动图书馆事业的可持续发展。公共图书馆的政策与法规为图书馆资源建设提供了明确的指导和规范，确保了图书馆资源建设的合规性和有效性。在实际工作中，公共图书馆应严格遵循这些政策法规，结合自身实际情况，不断提升资源建设的质量和水平，为广大公众提供更加丰富、更加高效、更加优质的服务。

资金来源与税收优惠政策是保障图书馆事业健康发展的重要保障。根据我国的政策法规现状，公共图书馆可以从多个渠道获取资金，并且享受一定的税收优惠政策。公共图书馆的资金来源包括政府投入、社会捐赠和自身运营收入。政府对公共图书馆的资金投入在一定程度上是保障公共图书馆正常运转的主要来源。此外，社会捐赠也是公共图书馆获取资金的重要途径，可以通过接受社会捐赠、设立基金会等方式筹集资金。此外，公共图书馆还可以通过开展相关的商业活动、提供特定的服务来获取自身运营收入。我国对公共图书馆提供了税收优惠政策，减轻了其经营成本。根据《中华人民共和国公共图书馆法》和相关税收法律法规，公共图书馆可以享受免征增值税、免征营业税等税收优惠政策。这意味着公共图书馆在购买图书、办理相关手续等方面可享受税收减免，降低了运营成本，从而更好地服务公众。公共图书馆还可以通过申请政府专项资金、与企业建立伙伴关系等方式获取资金支持。政府会根据公共图书馆的规模、影响力和服务能力等方面，设立相应的专项资金，用于图书馆的建设与发展。公共图书馆还可以与企业建立合作伙伴关系，获取资金、资源、技术等方面的支持，进一步促进公共图书馆的发展。公共图书馆的资金来源与税收优惠政策为图书馆事业的发展提供了坚实的基础。通过政府投入、社会捐赠和自身运营收入，公共图书馆可以筹集到丰富的资金用于资源建设和服务供给。同时，税收优惠政策的实施减轻了公共图书馆的经营成本，为图书馆提供了更好的运作环境。这些政策和措施的落实，将进一步推动公共图书馆事业的发展，为公众提供更加优质、多样化的文献信息资源服务。

　　随着信息技术的发展，数字资源在公共图书馆中的地位作用日益凸显，因此，相关政策法规也在不断完善，以确保数字资源建设的合规性和有效性。《中华人民共和国公共图书馆法》中明确了公共图书馆数字资源建设的法律地位和职责。该法规要求公共图书馆应当根据服务区域的特点和需求，加强数字资源建设，提供线上线下相结合的服务，满足公众多元化的阅读需求，这为公共图书馆数字资源建设提供了法律依据和基本方向。公共图书馆数字资源建设的法律保障还包括一系列具体规定，如数字资源的采购、收录、管理和使用等方面。这些规定要求公共图书馆在数字资源建设过程中，应当尊重知识产权，保护版权，合法使用数字资源。公共图书馆还需建立健全数字资源管理制度，确保数字资源的质量、安全和可持续利用。我国政府高度重视公共图书馆数字资源建设的资金支持和税收优惠政策，通过专项资金、项目扶持等方式，为公共图书馆数字资源建设提供资金保障。同时，公共图书馆可以享受税收优惠政策，降低数字资源建设的成本。这些政策和措施有助于公共图书馆更好地开展数字资源建设，提升服务质量和水平。公共图书馆数字资源建设的法律保障还涉及数字资源建设的技术标准、评价体系等方面。相关部门和组织会制定一系列技术标准和规范，指导公共图书馆开展数字资源建设。同时，通过建立评价体系，对公共图书馆数字资源建设进行监督和评价，确保其合规性和有效性。公共图书馆数字资源建设的法律保障为图书馆事业发展提供了强有力的支持。在政策法规的指导下，公共图书馆可以有序开展数字资源建设，提供丰富多样的数字服务，满足公众日益增长的文化需求。同时，公共图书馆需不断提高数字资源建设的质量和水平，确保其合规性和有效性，为图书馆事业的可持续发展贡献力量。

《中华人民共和国公共图书馆法》规定，公共图书馆应当向社会公众提供相应的服务，并保障服务的质量。各级图书馆主管部门承担着对公共图书馆服务质量的监管职责。这些部门通过开展巡查检查、组织评估考核等方式，对公共图书馆的服务质量进行监督和管理。同时，对于服务质量不合格的图书馆，相关主管部门有权采取相应的惩戒措施，确保公众的合法权益。另外，公共图书馆服务质量的监督管理还应得到民众的广泛参与。公众可以通过投诉、举报等方式对不满意的公共图书馆服务质量问题进行反映，并要求相关主管部门进行调查处理。图书馆主管部门要及时受理这些投诉举报，并根据调查结果采取相应的纠正措施。此外，在服务质量监管过程中，公共图书馆应注重对工作人员的监督和培训。公共图书馆工作人员是提供服务的关键力量，他们的专业素质和服务态度直接影响到公众的服务体验。因此，各级图书馆主管部门应加大对公共图书馆工作人员的培训力度，提高他们的服务意识和专业能力，以确保提供高质量的服务。我国公共图书馆服务质量的法律监管已经初具规模，通过明确法律法规、建立监督管理机制、加强民众参与以及对工作人员的培训等方式，不断提升公共图书馆的服务质量，确保公众能够得到优质、便捷的图书馆服务。

第二节　大数据背景下公共图书馆政策与法规的创新

在大数据时代，公共图书馆面临着数字化、网络化、智能化等方面的挑战和机遇。为了适应这一时代的变革，公共图书馆需要转变服务模式，并得到政策的支持。下面将从政策方面探讨大数据时代公共图书馆服务模式的变革与政策支持。政府需要制定相关政策以支持公共图书馆在大数据时代的服务变革。政策可以包括提供必要的资金支持，以支付新技术、新设备的采购和维护费用。此外，政府还可以建立公共图书馆服务的标准和指南，规范公共图书馆在大数据时代的服务内容和质量。政府可以鼓励公共图书馆与其他机构合作，共享大数据资源。公共图书馆可以与大数据公司、高等院校、研究机构等合作，获得更多的数据资源，并为用户提供更加丰富、精准的服务。政府可以出台相关政策，鼓励和推动公共图书馆与其他机构进行合作，并提供相关的支持和激励措施。政府可以借助大数据技术，提升公共图书馆的服务能力和效率。政府可以设立专门的机构或部门，负责整合和管理公共图书馆的大数据资源。通过数据分析和挖掘，政府可以了解用户需求，优化图书馆的布局和资源配置。同时，政府还可以利用大数据技术，提供个性化的服务，满足用户多样化的需求。政府可以鼓励公共图书馆创新服务模式，促进其转型升级。政府可以设立创新基金，支持公共图书馆开设数字阅读、虚拟现实、智能助手等创新服务项目。此外，政府还可以提供政策支持和机制保障，鼓励公共图书馆与社区、学校、企业等合作，推动服务模式的创新和升级。大数据时代，公共图书馆服务模式的变革需要政府给予政策支持。政府可以制定相关政策，提供资金支持和技术支持，鼓励公共图书馆与其他机构合作，利用大数据技术提升服务能力，推动公共图书馆的转型升级。这些政策的实施将有助于公共图书馆更好地适应大数据时代的发展需求，提供更加便捷、智能的服务。

在大数据资源建设中，保护知识产权是至关重要的。公共图书馆作为信息资源的主要提供者之一，需要制定相应的政策与法规来保护大数据资源中的知识产权。相关法律法规应明确规定在大数据资源建设中，公共图书馆需要确保著作权人的权益。政府可以出台知识产权保护法律，明确公共图书馆在获取和利用大数据资源时应遵循的法律规定，如合理使用原则、实现公共利益的界定等。政府可以鼓励公共图书馆与知识产权权利人建立合作机制，确保大数据资源的合法获取和使用。政府可以促进公共图书馆与知识产权权利人的合作，签订合作协议或授权协议，明确公共图书馆在利用大数据资源时需要遵守的规定和约束，确保知识产权的合法使用。政府可以设立专门的机构或部门，负责监督和管理公共图书馆的知识产权保护工作。该机构可以负责对公共图书馆的大数据资源进行审核和监测，确保其合法性和合规性。同时，该机构还可以对侵犯知识产权的行为进行调查和打击，维护知识产权权利人的合法权益。政府可以组织知识产权保护的培训活动，提高公共图书馆员工对知识产权保护的认识和理解。同时，政府还可以开展宣传活动，向公众普及知识产权保护的重要性，推动社会各界共同参与知识产权保护工作。大数据资源建设中的知识产权保护政策对于公共图书馆的可持续发展和服务质量提升至关重要。政府可以通过加强法律保护、鼓励合作机制的建立、设立监管机构以及提供培训和宣传等方式，在大数据资源建设中保护公共图书馆的知识产权。这将有助于促进公共图书馆健康发展，同时确保知识产权权利人的合法权益得到充分保护。

大数据安全与隐私保护的法律规范是至关重要的。这些规范旨在确保大数据的合法、合规使用，保护个人和组织的隐私权益，防止数据泄露和滥用，以及维护数据的完整性和可靠性。公共图书馆需要制定严格的数据安全管理制度，包括采集、存储、处理、传输、使用、共享和销毁等环节。这些制度应明确规定数据安全的责任、数据处理的权限、数据加密和脱敏的技术要求、数据备份和恢复的策略等，以确保数据的安全和可控。公共图书馆需要制定隐私保护政策，明确个人隐私信息的范围、收集和使用个人隐私信息的条件和目的、个人隐私信息的存储和传输安全措施、个人隐私信息的共享和披露规则等。同时，公共图书馆应加强用户隐私保护意识的培训和教育，提高员工对用户隐私保护的重视和认识。公共图书馆还需要遵守相关的法律法规，如《中华人民共和国网络安全法》《中华人民共和国数据安全法》《中华人民共和国个人信息保护法》等。这些法律法规对公共图书馆大数据资源建设中的数据隐私保护提出了明确的要求和限制，公共图书馆应严格遵守，确保大数据资源建设的合法性和合规性。公共图书馆大数据资源建设中的数据安全和隐私保护是一个复杂而重要的任务，公共图书馆需要制定严格的数据安全管理制度和隐私保护政策，遵守相关的法律法规，加强用户隐私保护意识的培训和教育，以确保大数据资源建设的合法性、合规性和安全性。

在公共图书馆大数据资源建设中，数据共享与交换是一个重要的环节。在大数据背景下，公共图书馆需要制定相应的政策，以规范数据共享与交换行为，确保数据的安全、可靠和有效利用。首先，公共图书馆应明确数据共享与交换的原则和范围，制定合理的共享与交换机制。公共图书馆之间的数据共享与交换应以促进公共文化服务、提高图书馆服务效率为目标，遵守平等、公正、合法、安全、开放、互利的原则，确保数据的合规性和合法性。其次，公共图书馆应建立有效的数据共享与交换平台，加强数据安全保障措施。平台应具备数据交换、数据处理、数据备份、数据安全审计等功能，确保数据传输的安全性和完整性。同时，平台应采取有效的加密和身份认证措施，确保数据在共享和交换过程中的安全。此外，公共图书馆应加强数据使用权限的管理，明确共享与交换数据的范围和使用方式。图书馆应确保共享与交换的数据仅限于合法、合规、安全性的使用范畴，防止数据泄露和滥用。同时，图书馆应加强用户隐私保护意识的培训和教育，提高用户对隐私保护的认识和重视程度，并应加强与其他机构和部门的合作，共同推进大数据资源建设的发展。

第七章　公共图书馆大数据资源建设的组织与管理

第一节　组织结构优化

公共图书馆大数据资源建设的组织结构优化是指在现有的组织架构基础上，通过合理调整部门设置和分工，以提高图书馆大数据资源建设的效率和质量。首先，公共图书馆应该设立专门的大数据资源建设部门，负责制定大数据资源建设规划、采购数据、组织数据、提供数据服务等。该部门应该由具有丰富经验和专业知识的图书馆员组成，工作人员需具备数据采集、数据存储、数据处理、数据分析等方面的技能。其次，公共图书馆可以设立数据质量管理团队，负责监督和评估大数据资源的质量和准确性，确保数据的可靠性和可用性。此外，公共图书馆还可以设立数据服务团队，负责提供数据咨询服务、数据共享服务、数据培训服务等。在分工方面，大数据资源建设部门应该与其他部门密切合作，如信息技术部门、文献资源建设部门、读者服务部门等。各部门之间应该建立良好的沟通机制，确保数据的及时更新和共享，提高数据利用效率。为了优化公共图书馆大数据资源建设的组织结构，还可以考虑以下几方面：建立跨部门协作机制，促进各部门之间的信息共享和资源整合；加强与相关机构和企业的合作，引入先进的大数据技术和资源，提高图书馆的数据处理和分析能力；建立健全的数据管理制度和规范，确保数据的采集、存储、处理、共享等环节的规范化和标准化；培养和引进高素质的大数据专业人才，加强人才队伍建设，以提高图书馆的数据管理水平和服务水平。通过以上措施，公共图书馆可以优化组织结构，提高大数据资源建设的效率和质量，为读者提供更加优质的数据服务。

在公共图书馆大数据资源建设的组织与管理中，机构建设与优化是不可或缺的一环。随着信息技术的快速发展和大数据时代的来临，公共图书馆必须不断适应新的形势，调整和优化自身的组织结构，以确保大数据资源建设的顺利进行。

机构建设方面，公共图书馆应建立专门的大数据管理部门，负责大数据资源的规划、采集、存储、分析和应用。这个部门应具备一定的技术实力，能够运用先进的大数据技术，对图书馆内外的海量数据进行有效的整合和处理。同时，大数据管理部门还应与其他业务部门保持紧密的沟通与协作，确保大数据资源能够服务于图书馆的各项业务工作。在优化组织结构方面，公共图书馆需要打破传统的部门壁垒，推动跨部门、跨领域的协同合作。通过建立跨部门的工作小组或项目团队，促进不同部门之间的信息共享和资源整合，提高大数据资源的使用效率。此外，图书馆还应积极引入外部资源，与高校、研究机构等建立合作关系，共同开展大数据资源的研究与应用。除了建立和优化大数据管理部门外，公共图书馆还应关注人才培养和团队建设。大数据技术的应用需要一支具备专业知识和技能的人才队伍。因此，图书馆应加大对人才培养的投入，通过内部培训、外部引进等多种方式，打造一支既懂图书馆业务又精通大数据技术的专业团队。同时，图书馆还应建立良好的激励机制，激发团队成员的创新活力和工作热情。在机构建设与优化的过程中，公共图书馆还应注重制度建设和文化塑造。通过制定科学合理的管理制度和规范，确保大数据资源建设的各项工作有章可循、有据可查。同时，图书馆还应培育一种开放、包容、创新的文化氛围，鼓励员工敢于尝试新方法、新思路，推动大数据资源建设不断取得新的突破和进展。机构建设与优化是公共图书馆大数据资源建设中的关键环节。通过建立专门的大数据管理部门、推动跨部门协同合作、加强人才培养和团队建设、完善制度建设和文化塑造等多方面的措施，公共图书馆可以不断提升自身的大数据资源建设能力，为读者提供更加优质、高效的服务。

第二节　人力资源管理

在公共图书馆大数据资源建设的组织与管理中，人才引进与培养是至关重要的环节。公共图书馆需要吸引和培养一支具备专业知识和技能的队伍，以推动大数据资源建设的可持续发展。首先，公共图书馆应制定人才引进计划，明确所需人才的专业背景、能力和素质要求。在招聘过程中，要注重考察应聘者的专业知识和实践能力，确保引进的人才能够胜任大数据资源建设的工作。同时，公共图书馆应加强与高校、科研机构的合作，通过校园招聘、实习生项目等方式，吸引优秀的人才加入图书馆团队。其次，公共图书馆应建立完善的培训机制，为员工提供持续学习和提升的机会。这包括定期组织内部培训、外部培训和学术交流活动，使员工能够掌握最新的大数据技术和管理知识。公共图书馆还可以鼓励员工参加专业证书考试，以提高其专业素养和能力。此外，公共图书馆应制定职业发展规划，为员工提供晋升和发展的机会。通过设立不同层次的职位和岗位，鼓励员工积极向上，激发其工作热情和创造力。同时，公共图书馆应建立公平公正的绩效考核体系，对员工的工作表现进行评估，奖惩分明，以提高员工的工作积极性和效率。最后，公共图书馆应注重营造积极向上的工作氛围，增强团队的凝聚力和合作精神。通过组织团队建设活动、搭建员工交流平台等方式，促进员工之间的沟通与合作，形成良好的团队文化。这样可以激发员工的创新思维和团队协作能力，为公共图书馆大数据资源建设提供有力支持。人才引进与培养是公共图书馆大数据资源建设的组织与管理中不可或缺的一环。通过制定人才引进计划、建立培训机制、制定职业发展规划、建立绩效考核体系和营造积极向上的工作氛围，公共图书馆可以培养一支高素质的专业团队，为大数据资源建设提供有力支持。这将有助于公共图书馆更好地服务于社会公众，推动图书馆事业的繁荣发展。

在公共图书馆大数据资源建设的组织与管理中，激励机制建设是人力资源管理的核心组成部分。一个合理而有效的激励机制能够充分激发员工的积极性和创造力，推动大数据资源建设工作的顺利开展。公共图书馆应建立与大数据资源建设目标相匹配的激励机制。这意味着激励措施应该紧密围绕大数据资源建设的核心任务和工作重点，确保员工的行为和成果与图书馆的战略目标保持一致。例如，可以设立针对大数据项目完成情况的奖金制度，或者将大数据资源建设成果纳入员工的绩效考核体系，从而引导员工将更多的精力和智慧投入到这一工作中。激励机制应该具有多样性和灵活性。不同的员工有不同的需求和动机，单一的激励方式往往难以达到最佳效果。因此，图书馆应根据员工的个人特点和需求，提供多种激励方式以供选择，如晋升机会、培训机会、奖金奖励、荣誉表彰等。同时，激励措施的实施也应根据员工的实际表现和工作进展进行动态调整，以保持其持续性和有效性。此外，公共图书馆还应注重营造积极向上的组织氛围和文化环境。通过定期举办团队建设活动、分享交流会议等，增强员工之间的凝聚力和归属感。同时，图书馆应积极传播大数据资源建设的成功经验和先进理念，鼓励员工进行创新实践和探索尝试。这种积极向上的组织氛围和文化环境将为员工提供持续的动力和支持，推动他们不断超越自我、追求卓越。另外，为了确保激励机制的长效性和稳定性，公共图书馆需要建立一套完整的评估和反馈机制。这包括对激励措施实施效果的定期评估，以及员工对激励措施反馈的收集和分析。通过评估，图书馆可以了解激励措施的实施效果，以及员工对激励措施的接受程度和满意度。员工的反馈则可以帮助图书馆发现激励机制中存在的问题和不足，从而及时进行调整和优化。在评估过程中，图书馆可以采用多种方法，如问卷调查、面谈、小组讨论等，以确保评估结果的客观性和准确性。同时，图书馆还应建立一个有效的反馈渠道，鼓励员工积极提出自己的意见和建议。对于员工的反馈，图书馆应给予充分的重视和回应，及时采取行动进行改进。公共图书馆需要认识到激励机制建设是一个持续的过程，需要不断地进行优化和完善。随着大数据资源建设工作的不断深入和发展，员工的需求和期望也会发生变化。因此，图书馆应定期对激励机制进行审查和更新，以确保其始终与员工的需求和期望保持一致。激励机制建设在公共图书馆大数据资源建设的组织与管理中发挥着至关重要的作用。通过建立与大数据资源建设目标相匹配的激励机制、提供多样且灵活的激励方式、营造积极向上的组织氛围和文化环境、建立评估和反馈机制以及持续优化和完善激励机制，公共图书馆可以激发员工的积极性和创造力，推动大数据资源建设工作的深入开展。

第三节　项目管理

公共图书馆大数据资源建设的组织与管理是一项系统而复杂的工作，涉及资源的选择、采购、存储、处理和分析等多个环节。在项目管理中，项目计划与进度管理是确保项目成功的关键因素之一。项目计划与进度管理包括明确项目目标、制定详细的项目计划、合理分配资源、监控项目进度和调整计划，以应对风险和变化。明确项目目标是项目计划与进度管理的第一步。公共图书馆大数据资源建设项目的目标应该是明确和具体的，例如，提高图书馆服务的质量和效率、满足读者需求、促进知识创新等。明确的项目目标有助于指导项目的发展方向，确保项目团队在整个项目过程中保持一致的目标。接下来，制定详细的项目计划是项目计划与进度管理的核心环节。项目计划应该包括项目的阶段、关键任务、里程碑、时间表和资源需求等。在制定项目计划时，需要充分考虑项目的可行性和风险因素，确保项目计划的可实施性和可持续性。此外，项目计划还应该包括项目团队的组成和职责分配，确保团队成员明确自己的职责和任务。合理分配资源是项目计划进度管理的重要环节。公共图书馆大数据资源建设项目需要涉及多种资源，包括资金、人力、技术和设备等。在资源分配过程中，应该根据项目的需求和优先级进行合理分配，确保项目能够按照计划顺利进行。同时，项目团队应该建立健全的资源管理制度，确保资源的合理使用和有效管理。监控项目进度是项目计划与进度管理的另一个关键环节。项目团队应该定期监控项目的进展情况，与计划进行比较，及时发现和解决项目中的问题和风险。通过有效的监控，可以确保项目按照计划顺利进行，及时调整计划以应对风险和变化。调整计划以应对风险变化是项目计划与进度管理的最后一个环节。在项目执行过程中，很可能会遇到各种风险和变化，例如，技术问题、资源不足、市场变化等。项目团队应该及时识别和评估风险，制定相应的应对措施，调整项目计划以适应变化。项目计划与进度管理是公共图书馆大数据资源建设项目管理的重要组成部分。通过明确项目目标、制定详细的项目计划、合理分配资源、监控项目进度和调整计划以应对风险和变化，可以确保项目的成功实施，提高图书馆服务的质量和效率，满足读者需求，促进知识创新。

在公共图书馆大数据资源建设的组织与管理中，项目管理作为核心环节，其重要性不言而喻。而风险管理与应对作为项目管理的重要组成部分，更直接关系到项目的成功与否。在大数据资源建设的过程中，图书馆面临着多种多样的风险，如技术风险、数据安全风险、人力资源风险、资金风险等。为了有效应对这些风险，图书馆需要建立健全的风险管理体系，制定有针对性的应对策略。图书馆应进行全面的风险识别。这包括对项目过程中可能出现的各种风险进行系统的梳理和分析，识别出可能对项目产生不利影响的关键因素。通过深入了解项目的具体情况，结合大数据资源建设的特点和规律，图书馆可以更加准确地识别出潜在的风险点。图书馆需要对识别出的风险进行评估。评估的目的是确定风险的大小、发生的概率以及可能造成的损失。通过风险评估，图书馆可以优先处理那些对项目影响较大的风险，合理分配资源和精力。在风险评估的基础上，图书馆需要制定相应的风险应对策略。对于不同的风险，应对策略也会有所不同。例如，对于技术风险，图书馆可以通过引进先进技术、加强技术研发、建立技术团队等方式来降低风险；对于数据安全风险，图书馆可以采取数据加密、备份存储、访问控制等措施来保障数据的安全；对于人力资源风险，图书馆可以通过完善人才培养机制、激励员工积极性、加强团队建设等方式来应对。此外，图书馆还需要建立风险监控和预警机制。通过对项目过程中的风险进行实时监控和预警，图书馆可以及时发现风险苗头，采取相应措施进行干预和纠正。这不仅可以避免风险对项目造成严重影响，还可以提高项目的整体效率和质量。图书馆需要注重风险管理的持续改进和优化。随着大数据资源建设项目的不断推进和变化，新的风险可能会出现，原有的风险也可能发生变化。因此，图书馆需要定期对风险管理体系进行审查和更新，确保其始终与项目的实际情况相适应。风险管理与应对在公共图书馆大数据资源建设的组织与管理中发挥着至关重要的作用。通过全面的风险识别、评估、应对以及监控和预警机制的建立，图书馆可以更加有效地应对各种风险挑战，确保大数据资源建设项目的顺利进行和成功实施。

项目质量与验收管理是公共图书馆大数据资源建设项目管理中的重要环节，它关系到项目的最终成果是否能满足预期目标，以及图书馆的服务质量能否得到有效提升。项目质量与验收管理主要包括制定质量标准、监控质量保证、验收项目成果等步骤。首先，制定质量标准是确保项目质量的基础。公共图书馆大数据资源建设项目质量标准应包括数据的准确性、完整性、可用性和安全性等方面。此外，还应考虑到项目的技术标准、用户体验、服务效率等。质量标准的制定应具有可操作性和可度量性，以便在项目实施过程中进行有效的质量控制。其次，监控质量保证是确保项目质量的关键环节。项目团队应建立一套完善的质量保证体系，包括质量计划、质量检查、质量改进等。在项目实施过程中，应定期进行质量检查，确保每个阶段的成果都符合预定的质量标准。对于发现的问题和不足，应及时进行改进和优化，以保证项目的整体质量。另外，引入第三方质量评估机构进行质量监督和评估，也是一个有效的质量保证手段。第三方机构可以提供客观、公正的评估意见，能帮助图书馆发现和解决项目中的潜在问题，提高项目质量。项目验收是项目结束前的必要程序，它是对项目成果的全面评估。项目验收应按照预先制定的验收标准和流程进行。验收标准应涵盖项目的所有方面，包括技术指标、服务质量、用户反馈等。验收流程应包括验收申请、验收准备、验收会议、验收报告等环节。项目验收应由一个独立的验收小组负责，验收小组成员应具备相关领域的专业知识和经验。验收小组在收到项目组的验收申请后，应审阅相关资料，实地考察项目成果，形成验收报告。验收报告应对项目的成果进行全面评价，包括项目的成功之处、存在的问题和改进建议。对于验收不合格的项目，项目组应根据验收小组提出的整改要求，进行相应的改进和优化。在整改合格后，项目才能正式结束。对于验收合格的项目，图书馆应将其纳入日常运营管理，确保项目的持续稳定运行，为读者提供高质量的大数据资源服务。项目质量与验收管理是公共图书馆大数据资源建设项目成功的关键。通过制定质量标准、监控质量保证、验收项目成果等步骤，可以确保项目的质量达到预期目标，提升图书馆的服务质量，满足读者需求。同时，通过严格的验收程序，可以对项目成果进行全面评估，为项目的持续改进和优化提供依据。

第八章　公共图书馆大数据资源建设的服务创新

第一节　服务模式创新

公共图书馆大数据资源建设的服务创新之一是实时借阅服务。实时借阅服务是一种基于大数据技术的服务模式，它能够实时分析读者的借阅行为需求，提供更加精准、个性化的服务。具体来说，实时借阅服务可以通过以下几种方式实现：首先，实时借阅服务可以利用大数据技术对读者的借阅行为进行分析，了解读者的阅读兴趣、阅读习惯和需求，从而为读者提供更加精准的推荐服务。例如，图书馆可以利用读者借阅记录、浏览记录、购买记录等数据，通过数据挖掘和分析技术，发现读者的阅读偏好和需求，为读者提供更加符合他们兴趣和需求的图书推荐和导读服务。其次，图书馆可以根据读者的借阅历史和行为，为他们推荐相关的活动和资源，提高读者的参与度和活跃度。同时，实时借阅服务可以利用大数据技术对图书资源进行智能化管理，提高图书资源的利用效率。图书馆可以通过实时监测图书的借阅情况、库存情况、流通情况等数据，及时对图书资源进行调整和优化，避免图书资源的浪费和闲置，同时也能够提高图书资源的流通效率和服务质量。例如，图书馆可以根据图书的借阅情况调整图书的摆放位置和数量，确保读者能够方便快捷地找到他们所需的图书。此外，实时借阅服务还可以实现图书的智能推荐和个性化服务。通过分析读者的借阅记录和阅读偏好，图书馆可以为读者提供定制化的推荐列表，帮助他们发现新的兴趣点和知识领域。此外，图书馆还可以为读者提供专属的阅读空间和个性化服务，如专属的借阅权限、专属的活动邀请等，满足不同读者的个性化需求。最后，实时借阅服务可以促进图书馆与读者之间的互动和沟通。通过实时借阅服务，图书馆可以及时了解读者的需求和反馈，为他们提供更加贴心的服务。同时，图书馆还可以通过实时借阅服务，与读者建立更加紧密的联系，开展更多的互动活动，提高读者的参与度和忠诚度。通过实时借阅服务的实施，公共图书馆可以提高图书资源的利用效率和服务质量，提高读者的满意度和忠诚度，也可以促进图书资源的流通和传播，推动文化事业的繁荣和发展。实时借阅服务的实施需要以大数据技术为基础，结合图书馆的实际运营情况和资源状况，不断完善和优化服务模式，提高服务质量和效率。只有这样，才能真正实现公共图书馆大数据资源建设的服务创新，为读者提供更加优质、便捷的服务体验。

随着信息技术的飞速发展和大数据时代的到来，公共图书馆作为传承文明、推广知识的重要场所，其服务模式也面临着前所未有的变革与挑战。在这个背景下，自助借还服务的兴起与普及，不仅提升了图书馆的服务效率，也极大地改善了读者的借阅体验。自助借还服务是图书馆利用现代科技手段，对传统借阅流程进行改造升级的一种新型服务模式。它使用先进的 RFID（射频识别）技术，依托自助借还机、智能书架等硬件设施，以及与之相配套的软件系统，实现了图书借阅与归还的自动化、智能化。读者只需通过简单的操作，便可完成图书的借阅与归还，无须等待工作人员的处理，极大地节省了时间成本。自助借还服务的实施，首先需要对图书馆内的藏书进行 RFID（射频识别）标签的粘贴，使得每一本图书都拥有一个独一无二的电子身份标识。当读者携带贴有 RFID（射频识别）标签的图书接近自助借还机时，机器能够迅速识别图书信息，并与读者的借阅证信息进行匹配，完成借阅或归还的操作。同时，智能书架能够实时监控图书的摆放情况，当图书被错放或乱放时，系统会自动发出提示，帮助工作人员及时进行整理。除了硬件设施的升级，自助借还服务的顺利实施还离不开软件系统的支持。图书馆需要建立一套完善的自助借还管理系统，对读者的借阅行为、图书的流通情况进行实时监控与管理。这套系统不仅能够记录读者的借阅历史、偏好等信息，还能够根据大数据分析的结果，为读者推送个性化的图书推荐，提升读者的阅读体验。自助借还服务的推广与实施，不仅提高了图书馆的服务效率，也带来了诸多积极的影响。首先，它极大地提升了读者的借阅体验。传统的借阅流程往往需要读者排队等待工作人员处理，耗费大量时间。而自助借还服务的推出，使得读者能够随时随地进行借阅与归还操作，不必等待，极大地节省了读者的时间成本。其次，自助借还服务有助于图书馆资源的优化配置。通过大数据分析，图书馆能够更准确地了解读者的借阅需求与偏好，从而有针对性地进行图书采购与资源配置，提高资源的利用效率。此外，自助借还服务有助于图书馆提升服务质量。通过自助借还系统收集的大量数据，图书馆能够对自身的服务状况进行客观的评估与分析，从而及时发现问题、改进服务，不断提升读者的满意度。然而，自助借还服务的推广与实施也面临着一些挑战与问题。例如，部分读者对于新技术的接受程度有限，需要图书馆加强宣传与培训；同时，自助借还设备的维护与管理也是一个不容忽视的问题，需要图书馆投入足够的人力物力进行保障。自助借还服务作为公共图书馆大数据资源建设的一项重要服务创新，其推广与实施对于提升图书馆服务效率、改善读者借阅体验具有重要意义。

公共图书馆大数据资源建设的服务创新之一是智能导读服务。智能导读服务是利用大数据技术和人工智能算法，对读者的借阅记录、兴趣偏好和阅读行为进行分析，为读者提供个性化图书推荐服务。图书馆可以通过收集和整理读者的借阅记录、浏览记录、评论互动等数据，利用数据分析技术对这些数据进行挖掘和分析，了解读者的阅读偏好、兴趣领域和阅读习惯。例如，通过分析读者的借阅历史，可以发现读者的阅读偏好是文学类还是科普类，或者是喜欢某个作者的作品，从而为读者推荐相应的图书。图书馆可以利用大数据技术和人工智能算法，对图书馆的图书资源进行智能化处理，将图书进行分类、标签化和关联。通过对图书内容和读者需求的匹配，智能导读服务可以为读者提供更加精准和个性化的图书推荐。例如，当读者搜索某个特定主题的图书时，智能导读服务可以通过匹配图书的标签和关键词，为读者推荐与其需求最为相关的图书。智能导读服务还可以通过推荐系统为读者提供个性化的图书推荐。推荐系统是利用大数据和机器学习算法，根据读者的喜好和兴趣，为其推荐相关的图书。通过智能导读服务，图书馆可以为读者建立个性化的阅读模型，根据读者的阅读偏好和历史记录，为其推荐适合的图书。例如，当读者借阅一本图书后，智能导读服务可以根据读者的阅读记录和偏好，为其推荐与该图书风格或主题相似的图书。通过使用智能导读服务，公共图书馆可以提供更加个性化和专业化的图书推荐和导读服务，帮助读者快速找到自己感兴趣的图书，提高阅读体验和满意度。同时，图书馆也可以通过智能导读服务，更好地了解读者的阅读需求和兴趣，优化图书馆的资源配置和采购方向，提高图书资源的利用效率和服务质量。智能导读服务是公共图书馆大数据资源建设的一项重要服务创新，它可以通过大数据技术和人工智能算法来实现读者的个性化图书推荐和导读，提高图书馆的服务质量和读者的阅读体验。

第二节 服务内容创新

在公共图书馆大数据资源建设的服务创新中，数字图书馆资源的丰富与拓展无疑占据了举足轻重的地位。随着信息技术的迅猛发展和数字化浪潮的推进，传统图书馆正逐步向数字图书馆转型，以更加便捷、高效的方式满足读者日益多样化的阅读需求。数字图书馆资源的丰富性主要体现在资源的多样性、海量性和即时性上。多样性指的是数字图书馆不仅提供纸质图书的数字化版本，还涵盖了电子期刊、报纸、学位论文、会议论文、专利文献、音视频资料等多种类型的数字资源，形成了一个多元化的资源体系。海量性是指数字图书馆通过大数据技术的应用，能够实现对海量数字资源的存储、管理和访问，为读者提供几乎无限的知识宝库。即时性体现在数字图书馆能够迅速响应新的信息需求，将最新出版的数字资源及时纳入馆藏，确保读者能够第一时间获取到最新的知识和信息。数字图书馆资源的丰富性得益于大数据技术的支持。大数据技术通过对海量数据的收集、存储、处理和分析，能够为数字图书馆提供更加全面、深入的资源服务。例如，通过数据挖掘技术，数字图书馆可以发现隐藏在大量数据中的有用信息，为读者提供更加精准的推荐服务；通过数据可视化技术，数字图书馆可以将复杂的数据以直观、易懂的方式呈现出来，帮助读者更好地理解和利用数据。除了丰富性之外，数字图书馆资源的拓展性也是其重要特点之一。拓展性主要体现在资源的跨库检索、资源整合和个性化服务等方面。跨库检索是指读者可以在一个统一的检索平台上实现对多个数据库资源的检索，大大提高了检索效率和使用便利性。资源整合是将不同类型的数字资源进行整合，形成一个统一的资源体系，方便读者进行一站式检索和使用。个性化服务是根据读者的阅读习惯、兴趣爱好等信息，为其提供定制化的资源推荐、信息推送等服务，提升读者的阅读体验。

数字图书馆资源的丰富与拓展为读者带来了诸多好处。首先，它打破了传统图书馆在物理空间上的限制，使读者可以在任何时间、任何地点访问数字资源，极大地提高了阅读的便利性。其次，数字图书馆资源的丰富性为读者提供了更加多样化的阅读选择，满足了不同读者的阅读需求。再次，数字图书馆资源的拓展性为读者提供了更加高效、个性化的服务，提升了读者的阅读体验。在丰富与拓展数字图书馆资源的过程中，也需要注意一些问题。首先，要确保数字资源的版权问题得到妥善处理，避免侵犯知识产权。其次，要加强对数字资源的质量控制和评估，确保资源的准确性和可靠性。此外，还需要关注读者的隐私保护和数据安全问题，确保读者的个人信息不被泄露和滥用。公共图书馆大数据资源建设的服务创新中，数字图书馆资源的丰富与拓展是一项重要而紧迫的任务。通过大数据技术的应用和不断创新的服务模式，公共图书馆可以为读者提供更加便捷、高效、个性化的数字阅读服务，推动图书馆事业在数字化时代实现更加广阔的发展。

随着科技的发展和互联网的普及，多媒体资源已经成为图书馆的重要组成部分，包括音频、视频、图片、动画等多种形式。多媒体资源的整合与开发可以提高图书馆资源的丰富度和多样性，为读者提供更加生动、直观的学习和阅读体验。图书馆可以对现有的多媒体资源进行整合，建立统一的多媒体资源管理系统。通过整合图书馆的多媒体资源，实现资源的高效管理和便捷检索，提高资源的使用效率。在整合过程中，图书馆可以对多媒体资源进行分类、标签化和关联，使其与图书馆的纸质资源和电子资源相互融合，形成一个完整的多媒体资源体系。图书馆可以积极开发和采购新的多媒体资源，丰富图书馆的资源种类和内容。图书馆可以通过与内容提供商、制作人等合作，引进高质量的多媒体资源，包括教育培训课程、讲座视频、纪录片、有声书等。同时，图书馆还可以鼓励馆内工作人员和志愿者制作原创的多媒体资源，以满足读者的个性化需求。图书馆可以利用大数据技术和人工智能算法，对读者的阅读行为和兴趣进行分析，从而为读者推荐合适的多媒体资源。通过智能推荐系统，图书馆可以了解读者的阅读偏好和兴趣领域，为其推荐与其需求相关的高质量多媒体资源。例如，当读者对某个特定的主题感兴趣时，智能推荐系统可以为其推荐相关的纪录片、讲座视频或有声书。多媒体资源的整合与开发还可以促进图书馆与读者之间的互动和参与。图书馆可以举办多媒体资源制作和分享的活动，鼓励读者参与制作和分享自己的多媒体资源，增加读者对图书馆资源的归属感和参与度。同时，图书馆还可以通过多媒体资源，开展线上线下的阅读推广活动，如讲座、研讨会、展览等，提高读者的阅读兴趣和活跃度。图书馆需要注重多媒体资源的宣传和推广，提高读者对多媒体资源的认知度和使用率。图书馆可以通过官方网站、社交媒体、宣传册等方式，向读者介绍和推广多媒体资源，引导读者正确使用和获取多媒体资源。同时，图书馆还可以开展多媒体资源的培训和指导活动，帮助读者掌握多媒体资源的使用技巧和方法。通过多媒体资源的整合与开发，公共图书馆可以提高资源的丰富度和多样性，为读者提供更加生动、直观的学习方式和阅读体验。同时，图书馆也可以通过多媒体资源的建设，提高服务的创新性和竞争力，吸引更多的读者前来使用图书馆资源，推动图书馆事业的繁荣和发展。

个性化推荐服务在公共图书馆中的应用已经不仅仅局限于简单的图书推荐。它正在逐步渗透到图书馆的各项服务中，为读者提供更加个性化、智能化的服务体验。个性化推荐服务在图书采购和分类中发挥着重要作用。通过分析读者的借阅历史和阅读习惯，图书馆可以更加准确地预测读者的阅读需求，从而有针对性地采购图书，优化馆藏结构。同时，根据读者的阅读偏好，图书馆还可以对图书进行分类和标签化处理，方便读者快速找到感兴趣的图书。个性化推荐服务在图书馆的数字资源建设中也有广阔的应用前景。图书馆可以通过收集和分析读者的数字资源使用数据，了解读者的数字资源需求和使用习惯，从而有针对性地增加和优化数字资源。同时，通过个性化推荐系统，图书馆还可以将纸质图书和数字资源进行有机整合，为读者提供一体化的阅读服务。个性化推荐服务还可以与图书馆的其他服务相结合，为读者提供更加全面的个性化服务。例如，图书馆可以根据读者的阅读偏好和兴趣点，为其推荐相关的讲座、展览和活动，增加读者的参与度和互动性。同时，图书馆还可以利用个性化推荐服务，为读者提供定制化的阅读计划和建议，帮助读者更好地进行阅读和学习。随着技术的不断发展和进步，个性化推荐服务在公共图书馆中的应用也将不断创新和完善。未来，我们可以期待更加智能化、个性化的图书馆服务，为读者带来更加便捷、高效、愉悦的阅读体验。个性化推荐服务在公共图书馆大数据资源建设的服务创新中发挥着重要作用。它不仅能够帮助读者快速找到符合其兴趣和需求的图书资源，提升阅读体验，还能为图书馆的资源优化和配置提供有力支持。随着技术的不断进步和应用场景的不断拓展，个性化推荐服务将在公共图书馆中发挥更加重要的作用，推动图书馆服务不断创新和发展。

第三节　服务渠道创新

移动图书馆 APP 的推出不仅能够提升公共图书馆服务的质量和效率，还会对图书馆发展和知识传播产生积极影响。下面将从几个方面对移动图书馆 APP 的应用进行进一步扩充。首先，移动图书馆 APP 通过大数据分析技术为用户提供个性化的图书推荐服务，促进了用户的阅读兴趣和阅读能力的提升。通过分析用户的阅读历史、借阅记录和兴趣爱好等信息，移动图书馆 APP 能够了解用户的阅读需求与偏好，并为用户推荐适合他们的图书。这种个性化推荐不仅提高了用户的阅读满意度，还能帮助用户发现潜在感兴趣的图书，拓宽了阅读的领域和广度。同时，移动图书馆 APP 也可以根据用户的阅读行为和偏好进行书单推荐，推动用户不断深入和拓展阅读兴趣。其次，移动图书馆 APP 为图书馆建立了更为紧密的联系和互动机制。传统的图书馆主要通过实体馆藏和纸质图书进行知识传播，用户需要前往图书馆才能获取资源，而移动图书馆 APP 的出现使得用户可以随时随地获取图书馆资源，并与图书馆建立更为便捷和高效的互动方式。用户可以通过 APP 进行在线咨询，解决问题和疑惑，与图书馆的专业人员进行交流与互动，获取专业指导和支持。同时，用户还可以通过 APP 了解图书馆举办的各种活动、讲座、展览信息，参与并获取相应资源。这种高度的互动性和参与度不仅促进了用户的积极参与，也丰富了图书馆的服务内容

大数据背景下公共图书馆资源建设创新模式研究

和形式。再次，移动图书馆 APP 通过在线阅读功能拓宽了用户的阅读选择和体验。传统的图书馆借阅依赖于实体图书，用户需要前往图书馆进行借阅。而移动图书馆 APP 提供了图书馆资源的在线阅读功能，用户可以通过 APP 在线阅读图书馆所收藏的电子图书、期刊报纸等资源。这一特点无疑对用户具有很大的吸引力，用户无须借阅实体图书，也无须前往图书馆进行阅读，大大节省了借阅时间，提高了阅读的便捷性和灵活性。在线阅读功能不仅为用户提供了更多的阅读选择，丰富了他们的阅读体验，也符合了当下信息化、数字化时代的阅读需求。此外，移动图书馆 APP 还可以为公共图书馆提供更多的数据支持和参考。通过大数据分析技术，移动图书馆 APP 可以获得用户的阅读历史、借阅记录、阅读行为等数据，并进行深入分析和挖掘。这些数据可以为图书馆了解用户需求和阅读行为提供重要参考，为图书馆资源的采购和管理提供决策依据。同时，移动图书馆 APP 还可以收集用户对图书馆服务的反馈和意见，为图书馆改进服务提供重要参考和指导。通过移动图书馆 APP 的数据支持和参考，公共图书馆可以更好地定位用户需求，提供更符合用户期待的服务，同时也能根据用户数据进行持续优化和改进。移动图书馆 APP 的建设不仅提升了公共图书馆服务的质量和效率，还对图书馆发展和知识传播产生了积极影响。它通过个性化推荐、在线阅读、互动服务等功能，满足了用户的个性化需求，同时也为图书馆提供了更多的数据支持和参考，助力图书馆的资源管理和服务改进。随着科技的不断进步，移动图书馆 APP 的应用有望进一步发展壮大，为公共图书馆的服务创新和知识传播产生更广泛的影响。公共图书馆应当积极抓住这一机遇，不断提升移动图书馆 APP 的功能和服务质量，努力满足用户的需求，推动图书馆事业的发展。

当下，公共图书馆已不再局限于传统的实体空间，而是不断向数字化、网络化方向拓展。在这一背景下，在线图书馆网站作为公共图书馆服务创新的重要渠道，正逐渐崭露头角，为广大读者提供了更加便捷、高效、个性化的服务体验。在线图书馆网站的建设，实现了图书资源的数字化整合与共享。通过扫描、OCR（光学字符识别）等技术手段，将纸质图书转化为数字资源，实现在线阅读、下载、借阅等功能。这不仅有效解决了实体图书馆空间有限、借阅不便等问题，还使读者能够随时随地访问图书馆资源，满足其多样化的阅读需求。在线图书馆网站通过大数据技术的应用，实现了个性化推荐服务的智能化。通过对读者的借阅记录、浏览历史、搜索关键词等数据的收集和分析，构建读者个性化画像，为其推荐符合其兴趣和需求的图书资源。这种个性化推荐服务不仅提高了图书资源的利用率，也增强了读者的阅读体验。在线图书馆网站还提供了丰富的多媒体资源和服务，如电子期刊报纸、博士硕士论文、音视频资料等。这些多媒体资源不仅丰富了图书馆的资源类型，也为读者提供了更加多样化的阅读和学习方式。同时，在线图书馆网站还提供了在线讲座、展览、互动问答等服务，增强了读者与图书馆的互动和黏性。

在线图书馆网站的建设还推动了公共图书馆与社区、学校、企业等机构的合作与资源共享。通过与这些机构的合作，图书馆能够扩大其服务范围，提高资源的利用率和社会影响力。同时，通过与其他机构的合作共享，图书馆还能够引入更多的优质资源和服务，为读者提供更加全面、多元化的服务体验。在线图书馆网站在公共图书馆服务创新中发挥着重要作用。它不仅实现了图书资源的数字化整合与共享，提高了资源的利用率和读者的阅读体验，还通过大数据技术的应用，实现了个性化推荐服务的智能化，满足了读者的个性化需求。同时，通过提供丰富的多媒体资源和服务以及推动与其他机构的合作与共享，增强了读者与图书馆的互动和黏性。未来，随着技术的发展和读者需求的不断变化，在线图书馆网站将继续不断创新和完善。我们可以期待更加智能化、个性化的推荐服务，更加丰富多样的多媒体资源和服务类型，以及更加广泛深入的跨机构合作与共享。这些创新将为读者带来更加便捷、高效、愉悦的阅读体验和学习体验，推动公共图书馆服务创新不断向前发展。在线图书馆网站作为公共图书馆服务创新的重要渠道之一，在数字化、网络化时代发挥着越来越重要的作用。通过不断的技术创新和服务创新，在线图书馆网站将不断满足读者的多样化需求，推动公共图书馆服务创新不断向前发展。

在数字化和网络化日益盛行的今天，公共图书馆不仅承载着保存和传播知识文化的使命，更需要在大数据时代的背景下，有效管理和利用大数据资源，以满足读者日益多元化、个性化的需求。面对海量的图书信息和用户数据，如何从中挖掘出有价值的信息，为读者提供更为精准、高效的服务，成为图书馆界亟待解决的问题。在这一背景下，合作图书馆共享平台作为一种创新的服务渠道，正逐渐展现出其巨大的潜力和价值。合作图书馆共享平台，简而言之，是指多个图书馆之间通过共同建设、共享资源和服务，形成一个统一、高效、便捷的在线平台。这种平台将各图书馆的资源进行有效整合，形成一个庞大的资源池，不仅提高了资源的利用率，也为读者提供了更为全面、多样化的服务体验。

在大数据时代，合作图书馆共享平台的重要性不言而喻。首先，通过平台，各图书馆可以共同应对资源增长带来的挑战，实现资源的优化配置和共享。各图书馆在长期的运营过程中积累了大量的图书资源和数据资源，但由于地域、经费、技术等原因，这些资源往往无法得到充分利用。通过建立共享平台，各图书馆可以将自己的资源进行整合和优化，形成一个庞大的资源池，供所有参与者共享。这样不仅可以避免资源的浪费和重复建设，还可以提高资源的利用率，满足更多读者的需求。其次，合作图书馆共享平台可以为读者提供更加全面、多样化的服务。在传统模式下，读者往往只能在一个图书馆内获取所需的信息和资源。而通过共享平台，读者可以跨越地域和时间的限制，获取多个图书馆的资源和服务。同时，共享平台还可以提供一些特殊的服务，如跨馆借阅、联合参考咨询、在线讲座等，这些服务可以大大拓宽读者的选择范围，提高读者的满意度。此外，合作图书馆共享平台还有助于推动图书馆之间的合作与交流。各图书馆在运营过程中往往面临各种问题和挑战，通过共享平台，各图书馆可以分享经验、交流心得、共同探讨解决方案。这种合作与交流不仅可以促进各图书馆之间的友谊和信任，还可以推动图书馆界的整体进步和发展。

尽管合作图书馆共享平台具有诸多优势，但其建设和运营过程中也面临一些挑战和问题。首先，如何确保资源的安全性和隐私性是一个重要的问题。在共享资源的过程中，必须采取有效措施保护用户信息和数据的安全，防止信息泄露和滥用。其次，如何平衡各图书馆的利益和权益也是一个需要解决的问题。在共享平台中，各图书馆的资源和服务都将被其他图书馆所使用，因此必须建立合理的利益分配和权益保障机制，确保各方利益得到平衡和保障。此外，如何提高平台的稳定性和易用性也是一个关键问题。共享平台需要具备高效稳定的运行能力，以应对大量用户的并发访问和请求。同时，平台还需要具备简洁易用的界面和操作方式，方便用户快速获取所需的信息和服务。为了应对这些挑战和问题，我们需要坚持创新、开放、共享的理念，不断探索和实践。首先，图书馆可以加强技术研发和应用，利用先进的技术手段保护用户信息和数据的安全。其次，图书馆可以建立完善的利益分配和权益保障机制，确保各方利益得到平衡和保障。此外，图书馆还可以不断优化平台的运行能力和用户体验，提高平台的稳定性和易用性。

随着技术的发展和读者需求的不断变化，合作图书馆共享平台将不断完善和创新。未来，我们可以预见以下几个发展趋势：首先，平台将更加注重用户体验和个性化服务。通过深入分析用户行为和需求，平台可以为读者提供更加精准、个性化的推荐和服务。例如，根据用户的阅读历史和偏好，平台可以推荐相关书刊、讲座和活动等信息，提高用户的阅读体验和满意度。其次，平台将更加注重数据分析和挖掘。通过挖掘和分析大量用户数据和图书信息，平台可以发现隐藏在其中的有价值的信息和趋势，为图书馆的资源建设和服务创新提供有力支持。最后，平台将更加注重跨界合作和创新。除了与其他图书馆合作外，平台还可以与出版机构、教育机构、科研机构等进行跨界合作，共同开发新的服务模式和产品，推动图书馆服务的多元化和创新发展。

合作图书馆共享平台作为一种创新的服务渠道，在公共图书馆大数据资源建设的服务创新中发挥着重要作用。通过整合和优化资源、提供全面多样化的服务以及推动图书馆之间的合作与交流，合作图书馆共享平台不仅可以提高资源的利用率和服务水平，还可以推动图书馆界的整体进步和发展。未来，随着技术的不断发展和读者需求的不断变化，合作图书馆共享平台将不断完善和创新，为广大读者提供更加便捷、高效、愉悦的阅读体验和学习体验。

第四节　服务推广与营销创新

公共图书馆作为文化和知识传播的重要场所，承担着为社会公众提供丰富的图书资源和服务的使命。随着互联网技术的快速发展，公共图书馆也要与时俱进，充分利用大数据资源建设的机会进行服务创新。在线上推广与营销方面，公共图书馆可以利用大数据技术，根据用户的阅读偏好和需求，提供个性化的推荐服务。通过对用户的历史借阅记录和浏览行为进行分析，公共图书馆可以向用户推荐符合其兴趣的图书、期刊等资源。同时，图书馆网站和移动应用还可以提供在线预约、续借、查询借阅记录等功能，方便用户进行相关操作。公共图书馆可以在微信、微博、知乎等社交媒体平台上建立官方账号，并定期发布关于图书馆的活动、新书推荐、读者故事等内容。通过与读者互动，回应读者的提问和建议，公共图书馆可以增强与读者之间的联系，提高公众对图书馆服务的认知度和使用率。公共图书馆可以通过购买互联网广告位，将推广信息投放到门户网站、新闻网站、社交媒体等平台上。广告内容可以包括图书馆的独特资源、读者活动、在线服务等方面的信息，吸引更多的用户关注和使用图书馆服务。公共图书馆可以在网站和移动应用上开设线上读书活动、讲座、讲习班等。这些活动可以邀请知名作家、专家学者等进行线上互动交流，吸引更多读者参与。此外，公共图书馆还可以提供线上培训课程，培养读者的信息素养和阅读能力，提高读者的终身学习意识。

公共图书馆可以与互联网图书馆合作，共享图书资源和服务。通过与互联网图书馆的合作，公共图书馆可以扩大馆藏图书的种类和数量，为读者提供更丰富的阅读选择。同时，公共图书馆也可以利用互联网图书馆的技术和平台，提供更便捷的在线服务，满足用户的需求。公共图书馆可以通过建设优质的官方网站和移动应用、利用社交媒体进行宣传、利用互联网广告资源进行推广、开展线上活动和培训课程以及与互联网图书馆合作等方式进行线上推广与营销。这些创新措施可以提高公众对公共图书馆的认知度和使用率，推动公共图书馆的发展与进步。

在公共图书馆大数据资源建设的服务创新中，线下推广与营销扮演着至关重要的角色。它不仅是对线上服务的补充，更是图书馆品牌形象塑造、读者关系建立以及服务价值传递的关键环节。特别是在当前信息爆炸、竞争激烈的背景下，如何通过线下推广与营销，吸引更多读者走进图书馆，体验其独特价值，成为图书馆服务创新的重要课题。线下推广与营销的首要任务是塑造图书馆独特的品牌形象。图书馆不仅仅是一个借阅图书的地方，更是文化交流的场所、知识创新的源泉。因此，在推广活动中，图书馆应注重展现其深厚的文化底蕴、先进的科技设施以及人性化的服务理念。通过精心设计图书馆导览、主题展览、文化讲座等形式，让读者亲身感受到图书馆的魅力，从而激发他们对知识的热爱和对图书馆的认同。线下推广与营销还需要建立稳固的读者关系。图书馆应通过丰富多彩的互动活动，如读者座谈会、读书俱乐部、志愿者服务等，吸引读者参与，增进彼此的了解与信任。同时，图书馆还应关注读者的反馈与需求，及时调整服务策略，以满足读者的期望。这种以读者为中心的服务理念不仅能够提升读者的满意度和忠诚度，还能为图书馆的服务创新提供源源不断的动力。在推广活动中，图书馆还应注重服务价值的传递。通过专业的图书推荐、精准的导览服务、个性化的阅读指导等，让读者深刻感受到图书馆的专业性和价值所在。此外，图书馆还可以与出版社、书店、文化机构等合作，共同举办各类文化活动，如书展、书签设计大赛、读书征文比赛等，以拓展服务领域，提升服务品质。除了上述几点，图书馆在线下推广与营销中还应注重创新。传统的推广方式如发放传单、悬挂横幅等已经难以吸引现代读者的关注。因此，图书馆需要运用创新思维，探索更多具有吸引力的推广方式。例如，可以利用社交媒体平台开展线上线下的互动活动，吸引年轻人的参与；或者与知名品牌合作，共同打造具有影响力的文化项目，提升图书馆的知名度和影响力。线下推广与营销在公共图书馆大数据资源建设的服务创新中发挥着不可替代的作用。通过塑造独特的品牌形象、建立稳固的读者关系、传递服务价值以及不断创新推广方式，图书馆可以吸引更多读者走进图书馆，体验其独特价值。这不仅有助于提升图书馆的服务水平和竞争力，还能为社会的文化发展和知识普及做出积极贡献。在未来的发展中，图书馆应继续深化线下推广与营销的策略与实践，不断探索新的服务模式和创新路径，以满足读者日益多元化、个性化的需求，推动图书馆事业的持续繁荣与发展。

品牌建设是公共图书馆大数据资源建设中不可或缺的一环。通过具有创新性的品牌建设，公共图书馆可以树立自己的形象、价值和文化特色，提升公众的认知度和信任度，从而吸引更多的读者来使用图书馆的大数据资源。在品牌建设方面，公共图书馆可以通过标志、标语、网站设计等方式，打造独特的品牌形象。品牌形象应该与公共图书馆的宗旨和服务内容相一致，能够对外传递出图书馆的特色和价值。例如，公共图书馆可以将自己定位为"知识的殿堂""文化的守护者"等，通过这些形象的塑造，让读者对图书馆产生认同感和依赖感。品牌建设不仅仅是一个宣传的过程，更是一个服务提供和用户体验的过程。公共图书馆要保证提供符合其品牌形象的高质量服务，例如，提供丰富多样的图书资源，提供便捷的借阅、预订、查询服务，提供舒适的阅读环境等。通过提供优质的服务，公共图书馆可以增强读者对品牌的信任度和满意度。公共图书馆可以通过举办图书展览、读书分享会、作家讲座等活动，提升品牌的知名度和影响力。这些活动可以以图书馆的特色资源为基础，结合当地的文化和社会热点，吸引更多的读者参与。公共图书馆还可以与媒体合作，通过新闻报道、专题采访等形式进行品牌宣传，让更多的人了解和关注公共图书馆。公共图书馆需要建立一套科学有效的品牌管理体系，包括品牌定位、品牌传播、品牌维护等方面。品牌管理体系应该围绕公共图书馆的品牌形象和价值进行设计，确保品牌形象的一致性和稳定性。同时，公共图书馆还可以通过品牌管理体系，依靠大数据技术对读者信息进行分析和挖掘，了解读者的需求和偏好，进一步建立与读者互动的品牌平台。公共图书馆可以通过建立线上和线下的品牌平台，与读者进行深度互动。在线上平台，公共图书馆可以设置读者交流论坛、读书社群等，促进读者之间的交流和知识共享。在线下平台，公共图书馆可以开展读者咨询、建议征集、交流分享等活动，与读者建立更紧密的联系。通过与读者的互动，公共图书馆可以更好地理解读者的需求和期望，为他们提供更好的服务。公共图书馆在大数据资源建设的同时，需要进行创新的品牌建设。通过建立独特的品牌形象、提供优质的服务、开展有特色的宣传活动、建立完善的品牌管理体系以及与读者进行互动，公共图书馆可以树立自己的品牌形象，提升其在大数据时代的影响力和竞争力，更好地服务大众。

第九章　公共图书馆大数据资源建设的评价与反馈

第一节　评价指标体系构建

公共图书馆大数据资源建设的评价指标是评估和反馈其建设成果和效果的重要工具。评价指标的选择和定义关系到评价结果的准确性和可信度，因此，对于公共图书馆大数据资源建设评价指标的选择和定义需要经过详细的论证和研究。在选择评价指标时，需要考虑其与公共图书馆大数据资源建设目标和战略的一致性。评价指标应该能够反映大数据资源建设的质量、效益和可持续发展能力，以及对用户服务的影响和推动作用。同时，评价指标应该具有可操作性和可测量性，能够为公共图书馆提供有关改进和优化大数据资源建设的具体指导和建议。评价指标还需要考虑其综合性和代表性。公共图书馆大数据资源建设涉及多个方面，包括数据采集与整合、数据存储与管理、数据分析与应用等，评价指标应该能够综合反映这些方面的成果和效果。评价指标还需要代表大数据资源建设的主要目标和关注点，如用户需求满足程度、服务质量和效率、数据使用率和参与度等。评价指标的定义需要具体、可操作和可比较。评价指标应该能够量化和描述公共图书馆大数据资源建设的关键要素和指标，如数据资源的数量和种类、数据服务的覆盖面和有效性、数据分析与应用的业务价值和效果等。评价指标的定义还需要具备可操作性，即能够为公共图书馆在实际建设和改进方向上提供明确的参考和指导。同时，评价指标的定义需要具有可比较性，即能够将公共图书馆的大数据资源建设与其他公共图书馆或同行业单位进行比较，以评估其建设的优劣和改进空间。公共图书馆大数据资源建设评价指标的选择和定义是一项复杂而关键的工作。评价指标的选择应该与目标和战略一致，具有可操作和可测量的特点。评价指标的定义应该具体、可比较和具备可操作性，能够为公共图书馆提供明确的参考和指导。这样才能够准确、客观地评估公共图书馆大数据资源建设的成果和效果，并为其提供改进和优化的建议。

公共图书馆大数据资源建设是一个综合性的评价体系，包括了许多方面的指标。首先，我们应该从建设的目的和需求出发，分析各类数据的特征和用途，考虑对馆藏数据的管理和维护情况，并基于此对图书馆大数据资源建设做出综合评价。其次，对于资源的多样性和实用性要有所关注。

针对数据的开放程度、质量以及访问量等因素也要有所考虑。对于数字资源建设而言，建设过程的合理性、可行性、资源的有效性等都需要被评价。此外，数据的反馈与使用情况也应该是评价体系中不可忽视的一环。评价指标的权重分配需要根据图书馆的性质、业务需求、用户反馈等因素进行综合考虑。一般来说，我们可以采用层次分析法（AHP）来确定各个指标的权重。这种方法将问题分解为不同的层次，通过比较各层元素的重要性来分配权重。在公共图书馆大数据资源建设的评价中，我们可以考虑以下几个参考指标。数据来源与质量：包括数据的收集、整合、分类等过程的质量和准确度。这是公共图书馆大数据资源建设的基础，如果数据质量不佳，将对后续的资源整合和服务提供造成很大的影响。因此，该指标应占有较大的权重。资源的多样性与实用性：这主要关注图书馆大数据资源的丰富程度、涵盖的主题范围以及资源的实用性和可获取性。资源的多样性可以提高用户的满意度和资源利用效率，因此也应占有适当的权重。开放程度与知识产权保护：考虑到数据资源的开放程度和知识产权的保护问题，图书馆在收集、整理和使用数据时，应考虑对开放数据的授权和版权问题的处理方式。该指标应占有较小的权重。建设过程的合理性、可行性、资源的有效性：考虑到公共图书馆大数据资源建设的实际操作和资源利用的效果，我们应关注建设过程的合理性、可行性以及资源的使用效果和利用率。因此，该指标也应占有适当的权重。至于反馈与使用情况的评价指标权重分配，我们应关注用户反馈、数据使用情况以及数据更新频率等方面。用户反馈是评价公共图书馆大数据资源建设的重要依据之一，因此，用户满意度应占有较大的权重；数据的使用情况反映了数据资源的实际利用效率和用户需求，应占有适当的权重；数据更新频率反映了数据资源的稳定性和可持续性，也应占有一定权重。此外，我们也应考虑一些具有可操作性的指标，如数据处理能力、技术设备水平等作为补充权重。当然，以上仅为参考指标权重分配的一种思路和方法，具体权重的确定还需根据实际情况和图书馆的特点进行调整和完善。总的来说，公共图书馆大数据资源建设的评价与反馈是一个系统性的过程，需要综合考虑多个方面和因素。在评价过程中，应注重数据采集和分析方法的科学性和准确性，以真实反映公共图书馆大数据资源建设的实际情况和效果。同时，需要积极倾听用户的声音，收集用户的反馈和建议，不断完善和优化公共图书馆大数据资源建设体系。

在公共图书馆大数据资源建设的评价与反馈中，评价指标体系的完善与调整是至关重要的一步。通过对评价指标体系的完善与调整，能够更加精准地评估公共图书馆大数据资源建设的效果，进而为提升公共图书馆服务质量提供有力的支持和指导。在评价指标体系的完善与调整中，需要考虑到公共图书馆大数据资源建设的实际需求和目标。评价指标体系应该能够全面反映公共图书馆大数据资源建设的覆盖面和深度，包括对资源的数量、质量、更新速度、覆盖范围等方面的评估。同时，应该体现公共图书馆大数据资源对用户需求的满足程度，对学习、科研、创新等活动的支持程度以及对社会发展的贡献程度等方面的综合评价。评价指标体系的完善与调整还需要考虑到公共图书馆大数据资源建设的现有资源和技术条件。评价指标体系应该能够通过对现有资源的评估，发现资源的不足和问题，并提出相应的改进措施，还应该考虑到公共图书馆在大数据资源建设中所采用的技术手段和方法，评估其科学性和可行性，为进一步提升公共图书馆大数据资源建设水平提供指导。另外，评价指标体系的完善与调整需要考虑到公共图书馆大数据资源建设的效果和影响。评价指标体系应该能够通过对用户反馈和利用情况的评估，呈现出公共图书馆大数据资源对用户的实际有效性和影响程度。同时，应该考虑到公共图书馆大数据资源建设的社会和经济效益，如对知识传播、文化交流、经济发展等方面的积极影响，为综合评价公共图书馆大数据资源建设的效果提供依据。在评价指标体系的完善与调整中，需要通过广泛的调研和专家评审来增加评价指标的科学性和准确性。评价指标体系的完善与调整应该充分考虑到公共图书馆大数据资源建设的实际需求和问题，并结合相关的理论研究和实践经验，确保评价指标的科学性和可操作性，为公共图书馆大数据资源建设的评价与反馈提供坚实的基础。评价指标体系的完善与调整是公共图书馆大数据资源建设评价与反馈的重要环节。通过针对实际需求和目标的评估，结合现有资源和技术条件的评估，考虑到效果和影响的评估，以及科学性和准确性的评估，能够提供全面、准确、科学的评价与反馈，为公共图书馆大数据资源建设的进一步改进和提升提供有力的支持和指导。

第二节　评价方法与技术

公共图书馆大数据资源建设的评价与反馈需要采用有效的评价方法与技术，以确保评价过程的科学、客观、全面。评价方法的选择与应用是公共图书馆大数据资源建设评价与反馈过程中的重要一环。根据公共图书馆的特点和工作目标，可以选择以下几种常用的评价方法进行应用。用户调查是评价公共图书馆大数据资源建设的重要方法之一。通过设计问卷或举办座谈会等方式，获取用户对图书馆数据资源的满意度、利用率、使用体验等方面的反馈信息。可以采用定量和定性相结合的方式，通过统计和分析用户反馈数据，评估图书馆数据资源的质量、可用性和用户体验等方面的情况。数据统计与分析也是评价公共图书馆大数据资源建设的重要手段。通过收集和分析用户使用数据、下载量、浏览量等数据指标，可以了解数据资源的使用情况和用户需求，评估数据资源的有效性和受欢迎程度。同时，可以利用数据分析方法，探索用户行为模式、使用偏好等信息，为数据资源的改进和优化提供科学依据。另外，专家评审也是评价公共图书馆大数据资源建设的一种重要方法。组织专家对数据资源的质量、有效性、安全性等进行评估和鉴定，结合专业知识和经验，提出有针对性的建议和改进意见。专家评审可以提供独立、客观的评价结论，为公共图书馆大数据资源建设的改进提供指导。此外，还可以结合其他评价方法和工具，如焦点小组讨论、案例研究、数据挖掘等，以获取更全面、多角度的评价信息。根据具体评价的目标和需求，可以选择合适的方法进行组合应用。公共图书馆大数据资源建设的评价与反馈需要综合应用多种方法与技术，以确保评价结果的全面、准确、可靠。用户调查、数据统计与分析以及专家评审是常用的评价方法，可以通过收集用户反馈、分析数据使用情况等方式，评估数据资源的质量、可用性和用户满意度等方面的情况。此外，结合其他评价方法和工具，可以获取更全面、多角度的评价信息，为大数据资源的建设提供科学依据和改进建议。综上，通过有效的评价方法与技术，可以优化公共图书馆大数据资源建设，提高用户满意度和资源利用效率。

在公共图书馆大数据资源建设的评价与反馈体系中，数据分析与处理技术占据着至关重要的地位。这些技术不仅关系到图书馆资源建设的效率，更直接关系到读者服务的质量和效果。数据分析与处理技术在公共图书馆大数据资源建设中的应用广泛而深入。首先，通过数据挖掘技术，图书馆能够对海量的读者借阅数据、浏览数据等进行深度挖掘，从而发现读者的阅读偏好、借阅习惯等信息。这些信息对于图书馆优化资源配置、提高服务质量具有重要意义。例如，图书馆可以根据读者的借阅偏好调整图书采购策略，增加热门图书的库存量，减少冷门图书的采购量，从而更好地满足读者的阅读需求。其次，数据分析与处理技术还能够帮助图书馆对资源建设的效果进行客观评价。通过对比不同时间段内的借阅数据、浏览数据等，图书馆可以分析出资源建设策略的调整对读者行为的影响，从而评估资源建设的效果。这种评价方式相较于传统的问卷调查、读者访谈等方式更为客观、全面，能够为图书馆的资源建设决策提供更为可靠的依据。此外，数据分析与处理技术还能够为图书馆提供个性化的读者服务。通过对读者的借阅数据、浏览数据等进行分析，图书馆可以为每位读者推荐符合其阅读偏好的图书、活动等信息，提高读者的阅读体验。同时，图书馆还可以根据读者的反馈数据对推荐算法进行不断优化，提高推荐的准确性和个性化程度。在公共图书馆大数据资源建设的评价与反馈体系中，数据分析与处理技术发挥着不可替代的作用。这些技术不仅能够帮助图书馆深入了解读者的需求和偏好，优化资源配置和服务质量，还能够为图书馆提供个性化的读者服务，提高读者的阅读体验。因此，图书馆应该加强对数据分析与处理技术的研发和应用，不断提升自身的信息化水平和服务能力，以更好地满足广大读者的阅读需求。

在公共图书馆大数据资源建设的评价与反馈中，评价结果的可视化呈现是一种有效的评价方法。通过将评价结果以可视化的形式展示，可以使评价结果更加直观、易于理解和比较，提高决策者和利益相关方对评价结果的接受度和参与度。评价结果的可视化呈现可以采用多种方式和工具。其中，数据可视化是常见且重要的一种方式。可以通过绘制图表、制作仪表盘、展示地理信息等方式，将评价指标的数量、变化趋势、相对比较等信息以直观明了的图形形式展示出来。例如，可以通过柱状图展示不同资源类型的数量和比例，通过折线图展示资源访问量的变化趋势，通过散点图展示资源的地理分布情况等。这样，决策者和利益相关方可以通过视觉感知方式，迅速获取评价结果并进行分析和比较。此外，可视化呈现中还可以运用交互式技术，使评价结果更具参与性和用户友好性。通过在可视化界面上添加交互元素，如下拉菜单、滑块、标签等，用户可以根据自己的需求和兴趣对评价结果进行筛选、排序和查看，从而更全面地了解公共图书馆大数据资源建设的评价情况。同时，交互式技术还可以允许用户对评价结果进行实时反馈和调整，以进一步加强决策者和利益相关方的参与和决策。评价结果的可视化呈现不仅可以提高决策者和利益相关方对评价结果的理解和接受度，还可以促进信息共享和合作。通过将评价结果以可视化的形式展示，可以方便不同部门、机构之间进行共享交流，提高信息的传递效率和质量。此外，评价结果的可视化呈现还可以为公共图书馆大数据资源建设的宣传和推广提供有力的支持。可视化结果可以作为图书馆与社会各界合作交流的重要凭证，具有很强的说服力和展示效果，对于吸引更多的用户和资源合作伙伴具有积极的影响。评价结果的可视化呈现是公共图书馆大数据资源建设评价与反馈的重要方法与技术。通过数据可视化和交互式技术的运用，可以使评价结果更加直观、更易于理解和比较，以提高决策者和利益相关方的接受度和参与度。评价结果的可视化呈现还能促进信息共享和合作，提供重要的宣传和推广支持，为公共图书馆大数据资源建设的进一步改进和提升提供有力的支持和指导。

第三节　反馈机制建立

建立和维护用户反馈渠道是公共图书馆大数据资源建设评价与反馈中非常重要的一环。在公共图书馆大数据资源建设中，建立并积极主动维护用户反馈渠道是一项关键任务。通过建立有效的用户反馈渠道，可以及时了解用户的需求和意见，以改进和优化数据资源的质量和服务，提高用户满意度。建立多样化的用户反馈渠道至关重要，公共图书馆可以在图书馆官方网站上设置在线反馈界面，让用户可以随时通过网页或移动端提交反馈意见。此外，可以将意见箱、服务台等设置在图书馆内，为用户提供进行书面反馈或口头交流的渠道。还可以利用社交媒体平台，如微信公众号、微博等，与用户进行互动和沟通。通过多样化的渠道，可以满足用户的不同反馈习惯和需求，提高反馈的参与度和反馈量。维护用户反馈渠道需要高效的沟通和处理机制。一方面，要建立专门的反馈处理团队，负责收集、整理、分类和处理用户的反馈信息。团队成员应具备专业的知识和敏锐的洞察力，能够准确理解用户反馈的问题和需求，并及时给予回复和解答。另一方面，要建立有效的反馈跟踪机制，对用户的反馈信息进行记录和追踪，确保每一条反馈都能得到妥善处理和解决。还可以通过定期进行用户满意度调查，及时获取用户的反馈意见。可以利用在线问卷调查工具或开展座谈会等方式，向用户征求对数据资源的评价和建议。通过定期的满意度调查，可以持续监测用户对数据资源的满意度和使用情况，及时发现问题和改进的空间。公共图书馆应及时回应用户的反馈并采取行动。对于用户的反馈意见，不仅应进行及时回复，还需要采取针对性的改进措施。通过对用户反馈的分析和整合，可以发现数据资源的问题和不足之处，并有针对性地进行改进和优化，这样可以提高用户对公共图书馆大数据资源建设的满意度，建立起积极、有效的反馈机制和良好的用户关系。建立和维护用户反馈渠道是公共图书馆大数据资源建设评价与反馈中的重要环节。通过建立多样化的用户反馈渠道，如在线反馈系统、意见箱、社交媒体等，可以收集用户的反馈意见和建议。同时，需要建立高效的沟通和处理机制，及时回应用户的反馈，并采取相应的改进措施。通过持续改进和优化，可以提高用户满意度，推动公共图书馆大数据资源建设向更高水平发展。

在公共图书馆大数据资源建设的评价与反馈体系中，反馈机制的建立至关重要，而反馈信息的收集与分析则是这一机制的核心环节。通过系统地收集和分析读者的反馈信息，图书馆能够更全面地了解读者的需求、偏好和满意度，进而优化资源配置、改进服务流程，提升整体的服务质量。反馈信息的收集是反馈机制的基础。图书馆可以通过多种渠道收集反馈信息，如在线调查、读者留言板、社交媒体互动等。这些渠道不仅覆盖了不同年龄、职业和阅读习惯的读者群体，还能够实时捕捉读者的即时反馈和情绪变化。同时，图书馆还需要建立一套科学的反馈信息分类体系，将收集到的信息按照不同的主题和维度进行分类整理，以便于后续的分析和处理。反馈信息的分析则需要借助先进的数据分析技术。图书馆可以利用数据挖掘、文本挖掘等技术对反馈信息进行深入挖掘和分析，提取出有价值的信息并总结规律。例如，通过对读者的留言和评论进行情感分析，图书馆可以了解读者对图书馆服务的整体情感和态度；通过对读者的借阅和浏览数据进行关联分析，图书馆可以发现读者的阅读兴趣和偏好变化。这些分析结果能够为图书馆的资源建设和服务改进提供有力的数据支持。除了技术层面的支持外，图书馆还需要建立一套完善的反馈信息处理流程。这包括反馈信息的收集、整理、分析、报告和反馈等环节，要确保每个环节都有明确的责任人和时间节点。同时，图书馆还需要建立一套有效的反馈响应机制，对读者的反馈进行及时、准确的回应和处理，展现出图书馆对读者需求和意见的高度重视和回应。反馈信息的收集与分析在公共图书馆大数据资源建设的评价与反馈体系中有举足轻重的地位。通过系统地收集和分析反馈信息，图书馆能够更全面地了解读者的需求和偏好，优化资源配置和服务流程，提升整体的服务质量。因此，图书馆应该加强对反馈信息的收集和分析工作，不断完善反馈机制，以更好地满足读者的需求和期望。

在公共图书馆大数据资源建设的评价与反馈中，反馈结果的应用与图书馆改进是非常重要的一环。反馈结果的应用与图书馆改进能够将评价与反馈的结果真正落地，为公共图书馆提供有针对性的改进措施，从而提高公共图书馆的服务质量和大数据资源建设水平。反馈结果的应用与图书馆改进需要将评价与反馈结果进行详细的分析与解读。评价与反馈结果应该被分解为具体的指标和数据，以便更好地理解公共图书馆大数据资源建设的优势和劣势。同时，还应该结合图书馆的实际情况，对这些指标和数据进行深入的分析，从而找到公共图书馆大数据资源建设中的问题和瓶颈。反馈结果的应用与图书馆改进需要制定相应的整改措施。根据评价与反馈结果，公共图书馆应该制定相应的整改措施，以解决大数据资源建设中的问题和瓶颈。这些措施可以包括采购新的大数据资源、改进资源检索和访问方式、提高资源服务质量、加强用户教育和培训等。同时，还应该考虑到整改措施的可行性和实施难度，确保措施能够真正落地并取得实效。反馈结果的应用与图书馆改进还需要建立改进实施的监督和评估机制。改进实施过程中，应该定期对改进措施进行监督和评估，以查看改进措施的实际效果和实施过程中的问题。通过监督和评估，可以及时发现问题并进行调整，从而确保整改的顺利实施和公共图书馆大数据资源建设的持续改进。反馈结果的应用与图书馆改进需要加强与用户和利益相关方的沟通与协作。公共图书馆应该积极与用户和利益相关方进行沟通与协作，了解他们对大数据资源建设的要求和期望，及时反馈改进工作的实际效果和进展情况。通过加强与用户和利益相关方的沟通与协作，可以增强他们对公共图书馆大数据资源建设的理解和信任，进一步提高公共图书馆的服务质量和大数据资源建设水平。反馈结果的应用与图书馆改进是公共图书馆大数据资源建设评价与反馈的重要环节。通过详细的分析与解读、制定相应的改进措施、建立监督和评估机制以及加强与用户和利益相关方的沟通与协作，可以确保评价与反馈结果真正落地，为公共图书馆提供有针对性的改进措施，从而提高公共图书馆的服务质量和大数据资源建设水平。

第四节　评价与反馈结果的监督与监测

对公共图书馆大数据资源建设评价与反馈结果的监督与监测是确保资源建设质量和持续改进的关键环节。为了确保公共图书馆大数据资源建设的评价与反馈结果能够有效地指导实践并促进资源的持续性建设，建立评价与反馈结果的监督与监测机制至关重要。这一机制需要涵盖结果的收集、分析、报告以及后续的跟进和执行。首先，建立结果收集机制，确保评价与反馈结果的全面性和准确性。这包括制定统一的数据收集标准和方法，明确收集评价与反馈结果的时间节点和责任人。对于用户调查、数据统计、专家评审等评价方法，需要设计科学的数据收集工具，如问卷、访谈指南、数据跟踪系统等，以获取详尽和客观的评价信息。其次，建立结果分析机制，对收集到的评价与反馈结果进行深入的分析和解读。这需要组建专业的分析团队，团队成员应具备数据分析和图书馆学专业背景。分析团队负责对评价数据进行清洗、分类和统计分析，提取关键信息和趋势，以便更好地理解用户需求、掌握资源利用情况和找出存在的问题。接着，建立结果报告机制，将评价与反馈结果以清晰、易懂的形式报告给图书馆管理层和利益相关者。报告应包括评价的目的、方法、主要发现、结论和建议等关键信息。为了提高报告的可读性和影响力，可以采用图表、图形、案例研究等多种形式，以直观地展示评价结果。然后，建立跟进和执行机制，确保评价与反馈结果中的建议和改进措施得到落实。这需要图书馆管理层对评价结果给予足够的重视，并制定具体的行动计划。行动计划应包括改进措施的优先级、责任分配、实施时间表和评估指标等。同时，需要定期检查改进措施的执行情况，确保各项措施按时按质完成。此外，建立持续监测机制，对改进措施的效果进行长期的跟踪和评估。这可以通过定期的评价周期、用户满意度调查、数据指标监控等方式实现。持续监测机制有助于确保改进措施能够持续发挥作用，并对新的问题和需求做出及时响应。最后，建立反馈循环机制，将评价与反馈结果、改进措施和监测结果等信息反馈给用户和利益相关者，形成闭环的管理流程。这有助于提高透明度，增强用户参与和信任，同时也为未来的评价与反馈提供宝贵的参考。公共图书馆大数据资源建设评价与反馈结果的监督与监测机制建立是一个系统性的过程，需要从结果的收集、分析、报告到跟进和执行等多个环节进行综合考虑和设计。通过建立有效的监督与监测机制，可以确保评价与反馈结果能够真正发挥作用，进而推动公共图书馆大数据资源建设的持续改进和发展。

在公共图书馆大数据资源建设的评价与反馈体系中，反馈机制的建立至关重要，而反馈信息的收集与分析则是这一机制的核心环节。通过系统地收集和分析读者的反馈信息，图书馆能够更全面地了解读者的需求、偏好和满意度，进而优化资源配置、改进服务流程，提升整体服务质量。反馈信息的收集是反馈机制的基础，图书馆可以通过多种渠道收集反馈信息，如在线调查、读者留言板、社交媒体互动等。这些渠道不仅覆盖了不同年龄、职业和阅读习惯的读者群体，还能够实时捕捉读者的即时反馈和情绪变化。同时，图书馆需要建立一套科学的反馈信息分类体系，将收集到的信息按照不同的主题和维度进行分类整理，以便于后续进行分析和处理。反馈信息的分析则需要借助先进的数据分析技术。图书馆可以利用数据挖掘、文本挖掘等技术对反馈信息进行深入的挖掘和分析，提取出有价值的信息和规律。例如，通过对读者的留言和评论进行情感分析，图书馆可以了解读者对图书馆服务的整体情感和态度；通过对读者的借阅和浏览数据进行关联分析，图书馆可以发现读者的阅读兴趣和偏好变化。这些分析结果能够为图书馆的资源建设和服务改进提供有力的数据支持。除了技术层面的支持外，图书馆还需要建立一套完善的反馈信息处理流程。这包括反馈信息的收集、整理、分析、报告和反馈等环节，确保每个环节都有明确的责任人和时间节点。此外，图书馆还需要建立一套有效的反馈响应机制，对读者的反馈进行及时、准确的回应和处理，展现出图书馆对读者需求和意见的高度重视和回应。反馈信息的收集与分析在公共图书馆大数据资源建设的评价与反馈体系中具有举足轻重的地位。通过系统地收集和分析反馈信息，图书馆能够更全面地了解读者的需求和偏好，以优化资源配置和服务流程，提升整体的服务质量。因此，图书馆应该加强对反馈信息的收集和分析工作，不断完善反馈机制，以更好地满足读者的需求和期望。

评价与反馈结果的监督与监测对于公共图书馆大数据资源建设至关重要。在大数据资源建设过程中，监督和监测能够对图书馆的工作进行跟踪和评估，以实现问题的及时发现并进行改进。监督与监测结果的反馈是使大数据资源建设能够更好地发展和优化的关键环节。通过及时反馈监督与监测结果，图书馆管理者能够了解大数据资源建设的进展情况，并且根据评价结果进行及时调整和改进。只有进行了足够的反馈与改进，才能够使大数据资源建设取得持续进步。在反馈与改进过程中，需要将监督与监测结果以透明的方式向相关人员进行传达。这可以通过在内部会议上进行报告、在公共场合进行发布以及通过相应的沟通渠道进行交流等方式实现。通过这样的方式传达监督与监测结果，可以使相关人员明确了解当前的问题和不足。为了更好地改进，要及时对监督与监测结果进行分析和总结。通过对监督与监测结果的综合分析，可以发现问题产生的原因和主要矛盾所在，并在此基础上形成相应的解决方案。在分析和总结的过程中，应该兼顾不同人员和部门的意见，以形成综合性的改进方案，改进方案需要具体而有效。根据监督与监测结果的反馈，图书馆管理者应当制定具体的改进措施，明确责任人和时间节点，并将改进方案分解为具体的任务，以确保改进措施能够得到有效的执行。同时，要注重协调不同部门、不同岗位之间的合作，形成良好的工作合力。在实施改进措施过程中，需要进行有效的跟踪和监督，通过对改进措施的跟踪和监督，可以及时了解改进的进展情况，及时发现问题并进行调整。跟踪和监督需要明确责任人和时间节点，确保改进措施的执行质量。除了改进措施的执行外，还应当对改进效果进行评估与反馈。通过对改进效果的评估，可以了解改进措施的有效性，并对改进措施进行必要的调整和改进。在评估和反馈的过程中，还可以通过开展问卷调查或访谈等方式，收集用户的意见和建议，以便更好地了解用户的需求和期望，为进一步的改进提供参考。监督与监测结果的反馈与改进对于公共图书馆大数据资源建设来说是非常重要的。通过透明的反馈，科学的分析和总结，具体有效的改进措施的执行，以及评估与反馈的闭环过程，可以推动大数据资源建设的不断发展和优化，以更好地为用户提供丰富和便捷的资源服务。

第十章 公共图书馆大数据资源建设的可持续发展

第一节 可持续发展战略规划

为了确保公共图书馆大数据资源建设的可持续发展，设定明确的可持续发展目标是至关重要的。公共图书馆大数据资源建设的可持续发展目标应该遵循以下原则：一是以用户需求为导向，确保资源建设能够持续满足用户的需求和期望；二是关注资源建设的长期影响，确保数据资源的质量、可用性和可访问性；三是强调资源建设的可持续性，确保资源建设的过程对环境和社会产生积极的影响。具体而言，公共图书馆大数据资源建设的可持续发展目标可以从几个方面设定：第一，在数据资源建设方面，要确保数据资源的数量、质量、种类和更新速度能够满足用户的需求。这需要建立完善的数据资源采集、整合、存储、管理和维护机制，提高数据资源的利用效率和价值。第二，在技术支持方面，要确保技术平台和工具能够支持数据资源的建设、共享和利用。这需要建立先进的技术基础设施和系统，如云计算、大数据分析、人工智能等，以提高数据资源的建设效率和质量。第三，在服务创新方面，要确保创新型的服务能够满足用户多元化的需求和期望。这需要建立灵活的服务模式和机制，如个性化推荐、社交化服务等，以提高用户满意度和忠诚度。第四，在环境和社会责任方面，要确保资源建设过程对环境和社会产生积极的影响。这需要建立可持续发展的理念和文化，如节能减排、绿色环保、社会责任等，以提高资源建设的可持续性和影响力。公共图书馆大数据资源建设可持续发展目标的设定需要从多个方面进行考虑和规划，以确保资源建设能够持续满足用户需求、关注长期影响、强调可持续性和社会责任。通过设定明确的可持续发展目标，可以指导公共图书馆大数据资源建设的过程，推动资源建设向更高水平、更高质量、更可持续的方向发展。

在公共图书馆大数据资源建设的可持续发展战略规划中，未来发展规划与策略是确保图书馆能够长期、稳定、高效地为读者提供服务的关键。面对快速变化的科技环境和日益增长的读者需求，图书馆必须制定具有前瞻性和可操作性的发展规划，以确保其大数据资源建设的可持续发展。未来发展规划的首要任务是明确图书馆的发展目标和定位。图书馆需要根据自身的实际情况和区域文化特色，确定在未来几年或几十年内要达到的发展水平和服务能力。同时，图书馆还需要密切关注国内外同行的发展趋势和先进经验，不断调整和完善自身的发展策略。

在资源建设方面，图书馆需要继续加强大数据技术的研发和应用。这包括引进先进的数据采集、存储、处理和分析技术，提高数据的质量和利用率；加强与各类机构的合作，共同构建大数据资源平台，实现资源共享和互利共赢；推动大数据技术在读者服务、管理决策等方面的广泛应用，提升图书馆的信息化水平和服务质量。在服务创新方面，图书馆需要不断探索新的服务模式和方法。例如，可以利用大数据分析技术为读者提供更加个性化、智能化的推荐服务；通过社交媒体、移动应用等方式拓展服务渠道和方式，提高读者的参与度和满意度；加强与学校、社区等机构的合作，开展多样化的阅读推广和文化活动，提升图书馆的社会影响力和文化价值。在人才培养方面，图书馆需要重视大数据领域的人才培养和引进。通过设立专门的大数据部门或岗位，吸引和培养具备大数据技术和图书馆学知识的人才；加强员工的大数据知识和技能培训，提高整个团队的数据素养和分析能力；建立完善的激励机制和职业发展路径，为人才提供广阔的发展空间和良好的工作环境。公共图书馆大数据资源建设的未来发展规划与策略需要具有前瞻性和可操作性，明确发展目标、加强技术研发、创新服务模式、培养优秀人才等多方面的措施。只有这样，图书馆才能适应快速变化的环境和满足日益增长的读者需求，实现大数据资源建设的可持续发展。

第二节　资源建设与服务创新协同

公共图书馆大数据资源建设的可持续发展需要资源建设与服务创新的协同。在大数据时代，数据资源整合与利用是公共图书馆实现可持续发展的关键。数据资源整合与利用包括对各种类型和来源的数据进行收集、整合、处理和分析，以提供更加丰富、多样化和高质量的资源服务。公共图书馆需要积极探索新的数据采集渠道，如通过合作、购买、共享等方式获取各类数据资源，同时加强数据存储、管理和保护，确保数据的安全可靠。此外，公共图书馆需要加强对数据分析和挖掘技术的应用，以便从海量数据中提取有价值的信息和知识。图书馆可以通过数据分析和挖掘技术来预测用户需求、优化资源配置、提高资源利用效率，为读者提供更加个性化和精准的服务。在资源整合与利用的过程中，公共图书馆还需要注重与其他图书馆、研究所、企业等机构的合作，实现资源共享和优势互补。通过合作，合作双方可以共同开发新的数据资源，共同开展数据分析和挖掘研究，共同提供更加全面和专业的资源服务。同时，公共图书馆还需要不断创新服务模式，以满足用户不断变化的需求。例如，公共图书馆可以借助大数据技术分析用户的行为和偏好，提供个性化的推荐服务；可以利用数字技术实现资源的数字化和移动化，为用户提供便捷的借阅服务；可以开展多样化的活动和服务，如讲座、培训、展览等，以满足不同用户群体的需求。数据资源整合与利用是公共图书馆大数据资源建设可持续发展的关键。通过加强数据采集、存储、管理和保护，加强数据分析和挖掘技术的应用，加强与其他机构的合作，以及不断创新服务模式，公共图书馆可以实现资源建设与服务创新的协同，推动自身的可持续发展。

公共图书馆大数据资源建设的可持续发展离不开资源建设与服务的协同创新。在公共图书馆大数据资源建设中，技术资源建设与创新是至关重要的。随着大数据技术的不断发展，图书馆需要不断更新和升级技术手段，以适应数据资源规模的不断扩大和用户需求的多样化。首先，图书馆需要加强技术基础设施建设，包括硬件设备、网络环境、安全系统等。这些基础设施是图书馆数据资源建设和利用的基础，需要不断升级和维护，以确保其稳定性和安全性。其次，图书馆需要加强技术应用开发，如数据采集、整合、存储、处理、分析等。这些技术的应用可以提高数据资源的处理效率和质量，为图书馆提供更准确、更丰富的数据支持。同时，图书馆需要不断探索新的技术应用场景，以满足用户多元化的需求和期望。此外，图书馆需要加强技术合作与交流。通过与相关机构、企业、研究机构的合作，可以引入先进的技术手段和经验，提高图书馆的技术水平和创新能力。同时，图书馆也需要关注行业动态和技术发展趋势，及时调整和更新技术策略，以适应不断变化的市场环境和技术需求。公共图书馆大数据资源建设与技术创新是相互促进、相互依赖的关系。技术资源建设与创新可以提高数据资源的处理效率和质量，为图书馆提供更准确、更丰富的数据支持。同时，通过加强技术合作与交流，可以引入先进的技术手段和经验，提高图书馆的技术水平和创新能力。这些技术创新不仅有助于公共图书馆大数据资源建设的可持续发展，还有利于提升图书馆的整体服务水平和社会影响力。

在公共图书馆大数据资源建设中，服务创新与用户需求的匹配是一个至关重要的环节。随着科技的飞速发展和互联网的普及，公众对图书馆服务的需求也在发生不断的变化和升级。因此，图书馆必须不断创新服务方式，以满足用户的多样化需求。公共图书馆应充分利用大数据技术，对用户行为和偏好进行深入挖掘和分析。通过对海量数据的挖掘，可以发现用户在阅读、学习和研究过程中的习惯和喜好，从而为用户提供更加精准和个性化的服务。例如，可以根据用户的历史借阅记录和浏览行为，推荐符合其兴趣和需求的图书、期刊和在线资源。图书馆应积极探索创新的服务模式，如联合借阅、线上线下融合、智能化咨询等。这些创新服务不仅能够提高图书馆资源的利用率和用户满意度，还能够吸引更多的用户参与到图书馆的活动中来。例如，通过与当地学校、企业和社区等机构合作，开展联合借阅活动，扩大图书馆的服务范围和影响力。图书馆还应关注用户体验，不断优化服务流程和服务环境。在大数据时代，用户对图书馆服务的期望值越来越高，因此，图书馆需要从用户的角度出发，简化借阅流程、提高服务效率，并为读者提供舒适、便捷的学习和研究环境。例如，可以设立专门的阅读空间、提供安静的学习场所；可以设置自助借还书机等设施，以方便用户的使用。同时，图书馆还需要注重服务创新与用户需求的实时反馈和互动。通过搭建线上线下相结合的反馈平台，用户可以随时提出意见和建议，图书馆也能够及时回应和处理用户的需求。这种互动反馈机制有助于图书馆更好地了解用户需求，以进一步改进和优化服务。例如，可以定期开展用户满意度调查，收集用户对图书馆服务的评价和反馈，以便及时调整和改进。在公共图书馆大数据资源建设中，服务创新与用户需求的匹配至关重要。通过挖掘和分析用户数据、探索创新服务模式、关注用户体验以及建立实时反馈机制，图书馆能够更好地满足用户需求，实现可持续发展。综上，只有在服务创新与用户需求间建立良好的匹配关系，公共图书馆才能在竞争日益激烈的环境中立足，并为社会公众提供更加优质和高效的服务。

第三节　社会责任与义务

要想实现大数据资源建设的可持续发展，公共图书馆必须承担社会责任和推进公益项目，以回馈社会和服务社会。公共图书馆是社会文化事业的重要组成部分，承担着促进知识传播、文化交流和教育发展的重要使命。在大数据时代，公共图书馆大数据资源建设应当承担社会责任和推进公益项目，以更好地服务社会，回馈社会。

公共图书馆可以通过大数据资源的开放与共享来推进公益项目。图书馆作为数据资源的载体，可以将馆藏数据开放给社会各界，满足人们获取知识和发展文化的需求。公共图书馆可以与教育机构、科研机构、文化机构等合作，共同开展公益项目，推动知识普及、科学研究和文化创作等领域的发展。公共图书馆可以通过大数据资源建设来推进社会教育和培训项目。公共图书馆可以利用大数据资源提供在线学习平台和教育资源，为公众提供在线教育、职业培训等服务。公共图书馆可以通过举办各类培训班、讲座、讲坛等方式，提供专业知识和技能培训，为社会提供更多的教育机会和发展空间。

公共图书馆还可以通过大数据资源建设来推动社会服务项目。公共图书馆可以与社区组织、公益机构合作，共同开展社会服务项目，如智慧社区建设、数字包容项目等。通过利用大数据资源，为弱势群体提供更好的服务和支持，促进社会公平和公益事业的发展。

公共图书馆应加强社会责任宣传和公益项目的推广。通过组织各种形式的宣传活动，增强社会对公共图书馆大数据资源建设的认知和支持。同时，积极推广公益项目的成果和影响，激发社会公众的参与热情，形成积极向上的社会氛围。

公共图书馆大数据资源建设的可持续发展需要承担社会责任和推进公益项目。通过开放与共享数据资源、推动社会教育和培训项目、推动社会服务项目以及加强社会责任宣传和公益项目的推广，公共图书馆可以更好地回馈社会、服务社会，促进社会的发展和进步。这不仅有助于公共图书馆的可持续发展，也为社会建设和社会公益事业作出了积极贡献。

公共图书馆作为一个为社会公众提供知识信息和文化服务的机构，承担着重要的社会责任和义务。为了实现公共图书馆大数据资源建设的可持续发展，需要对其社会效益进行评估和监测。首先，社会效益评估可以帮助公共图书馆了解自身服务所产生的影响和效果。通过采集和分析相关数据，可以了解用户的满意度、使用率、借阅量等指标，进而评估图书馆对社会公众的服务质量和效果。这有助于图书馆进一步优化自己的资源配置和服务模式，以更好地满足用户需求。其次，社会效益评估也可以帮助公共图书馆呈现其对社会的贡献。图书馆除了提供借阅服务外，还经常举办各种知识讲座、文化活动等，这些活动的社会效益需要通过评估来呈现。评估可以帮助图书馆了解活动的参与人数、反馈意见等，从而验证其对社会公众教育和文化传承的贡献。此外，社会效益评估也有助于公共图书馆与利益相关方（如政府、社区等）之间的合作与沟通。通过客观评估数据，图书馆可以向政府和社区展示其对社会的正面影响，以争取到更多资源和支持。同时，评估也可以帮助政府和社区了解图书馆的工作情况和需求，从而更好地支持和协助图书馆的发展。最后，社会效益评估可以提高公共图书馆在社会中的知名度和声誉。通过评估结果的公开和宣传，图书馆可以向外界展示其服务质量和社会价值，增强公众对图书馆的认知和认可度。这有助于吸引更多的用户参与到图书馆的活动中来，进一步推动图书馆工作的持续发展。公共图书馆的社会效益评估对于其大数据资源建设的可持续发展非常重要。通过评估和监测图书馆的服务质量、活动效果和社会影响，可以帮助图书馆优化自身的资源配置和服务模式，并加强与政府、社区等利益相关方的合作与沟通。同时，评估的结果也有助于提升图书馆的知名度和声誉，以吸引更多的用户参与到图书馆的活动中来，为社会公众提供更加优质和高效的服务。

公共图书馆大数据资源建设的可持续发展需要建立跨界合作与社会参与的合作机制。为了推动公共图书馆大数据资源建设的可持续发展，跨界合作与社会参与是非常重要的合作机制。图书馆需要与各行各业的机构和组织进行合作，共同分享资源、交流经验，实现资源优势互补和合作共赢。跨界合作可以为公共图书馆大数据资源建设带来多方面的支持。图书馆可以与科研机构合作，共同开展科学研究和数据分析，提高数据资源的质量和应用价值。科研机构可以提供专业的技术支持和指导，帮助图书馆提升数据处理和分析能力。图书馆可以与不同行业领域的企业合作，将大数据资源应用于产业发展和创新中。通过与企业合作，图书馆可以了解不同行业的需求和趋势，共同开发和推广数据资源的应用方案，促进行业的发展和创新。图书馆还可以与社区组织、公益机构等非营利组织合作，开展社会服务和公益项目。通过与社区组织合作，图书馆可以更好地了解社区的需求和问题，为社区居民提供更好的大数据资源服务。同时，通过与公益机构等组织合作，图书馆可以在推进社会公益事业，回馈社会上贡献力量。社会参与是公共图书馆大数据资源建设的重要一环，可以通过开展活动、调研、用户访谈等方式，积极征求社会公众的意见和建议，实现用户的主动参与和共同建设。社会参与不仅可以为图书馆提供宝贵的反馈和改进意见，也能够增加用户对图书馆的归属感和参与感，进而促进资源建设的可持续发展。在跨界合作和社会参与的合作机制中，需要建立有效的合作框架和机制，明确各方的权责和利益分配，建立良好的协作关系。同时还需要加强沟通与协调，确保各方的利益得到平衡和满足，共同推动公共图书馆大数据资源建设的可持续发展。跨界合作与社会参与是公共图书馆大数据资源建设的重要合作机制。通过与科研机构、企业、社区组织等的合作，图书馆可以与其共享资源、互利合作，实现资源优势互补和合作共赢。同时，通过社会参与，图书馆可以获得用户的反馈和参与，促进资源建设的可持续发展。综上，建立有效的合作机制和良好的协作关系，将为公共图书馆大数据资源建设的可持续发展带来积极的推动力量。

第四节　人才培养与团队建设

公共图书馆大数据资源建设的可持续发展离不开人才培养与团队建设。在大数据时代，图书馆需要一支具备数据素养、信息素养和创新精神的团队，以适应不断变化的市场环境和用户需求。公共图书馆需要制定科学的人才引进策略，吸引优秀的数据人才加入。图书馆可以通过铺设招聘广告、网络招聘、校园招聘等多种渠道，发布招聘信息，吸引具有相关专业背景和技能的人才。同时，图书馆还可以与高校、研究机构等合作，建立人才储备库，为未来的发展做好人才储备。公共图书馆需要重视人才培养工作，为团队成员提供持续学习和培训的机会。图书馆可以定期组织内部培训，邀请专家学者授课，提高团队成员的数据分析、信息检索和沟通能力。此外，图书馆还可以与相关机构合作，开展学术交流和项目合作，提高团队成员的实践能力和创新思维。在人才培养的过程中，公共图书馆还需要关注团队成员的个性特点和职业规划，为其提供个性化的职业发展路径。例如，对于擅长数据分析和挖掘的成员，可以培养其成为数据科学家或数据分析师；对于擅长信息组织和检索的成员，可以培养其成为信息咨询专家或学科馆员。通过多元化的职业发展路径，公共图书馆可以吸引和留住更多优秀的人才。公共图书馆还需要注重团队成员之间的协作和沟通。在大数据资源建设中，团队成员需要密切合作，共同完成数据采集、处理、分析和应用等工作。因此，图书馆需要建立良好的团队文化和沟通机制，鼓励成员之间进行交流和分享，增强团队的凝聚力和创造力。公共图书馆大数据资源建设的可持续发展需要科学的人才引进与培养策略。通过吸引优秀的数据人才、提供持续学习和培训的机会、建立多元化的职业发展路径以及促进团队成员之间的协作和沟通，公共图书馆可以打造一支具备数据素养、信息素养和创新精神的团队，为未来的发展奠定坚实的人才基础。

在公共图书馆大数据资源建设可持续发展的过程中，团队建设与协作机制是至关重要的。在数据资源建设和管理过程中，一个高效、协作的团队是保证工作质量和项目成功的关键。一个具备多元化专业背景和技能的团队能够综合运用成员各自的专长，共同解决项目中的技术、管理和服务等方面的问题，提供最佳的解决方案。一个团队良好的协作机制能够鼓励成员进行有效的信息交流和合作，解决问题，分享工作经验，加强团队成员之间的互动和相互依赖。要通过明确成员的角色和职责，合理分工和分配任务，避免重复工作和资源浪费。同时，协作机制可以促进有效的时间管理，以控制项目进度，确保项目按时完成。通过促进团队成员之间的学习和知识共享，团队建设能够提升成员的专业水平和工作能力。公共图书馆应注重培养团队成员的创新能力，引导其及时跟踪行业新动态和技术趋势。可以定期组织培训和研讨会，为团队成员提供学习的机会和资源，以保持团队的竞争力和创新能力。要建立有效的团队建设与协作机制，需要注意以下几个方面。第一，明确团队的愿景和目标，确保团队成员对于团队目标的理解和共识。第二，建立有效的沟通渠道和共享平台，促进信息共享、交流并提高工作效率。第三，建立适当的激励机制，鼓励团队成员发挥所长，提高工作积极性和创造性。通过建立有效的团队建设与协作机制，公共图书馆大数据资源建设团队能够更好地应对挑战，充分发挥团队成员的潜力，提高工作效率和质量，在实现可持续发展目标的同时为公众提供优质的大数据资源服务。

公共图书馆大数据资源建设的可持续发展离不开对人才培养与团队建设的效果评估。通过评估，可以了解图书馆在人才培养和团队建设方面取得的成果和存在的问题，为进一步优化工作提供依据。首先，效果评估可以通过对团队成员的数据分析、信息组织、沟通协作等能力的考核来进行。通过定期的考核和评估，可以了解团队成员在技能和素质方面的提升情况，以及在工作中遇到的困难和挑战。这些信息可以为图书馆制定有针对性的培训计划和职业发展路径提供依据。其次，效果评估可以通过用户满意度调查、借阅量、活动参与度等指标来进行。这些指标可以反映图书馆的服务质量和用户满意度，进而评估团队成员的工作效果。通过与用户互动，了解用户的需求和反馈，可以发现图书馆在服务中存在的问题和不足，为进一步优化服务提供参考。此外，效果评估还可以通过与其他公共图书馆的对比和交流来进行。通过与其他图书馆的对比，可以了解本馆在人才培养和团队建设方面的优势和不足，为制定更具体有效的措施提供依据。同时，与同行的交流也可以为图书馆工作带来新的思路和方法，促进图书馆各项工作的合作与进步。综上所述，公共图书馆大数据资源建设的可持续发展需要重视人才培养与团队建设的效果评估。通过评估，可以了解团队成员的能力和素质提升情况、服务质量和用户满意度，以及图书馆在人才培养和团队建设方面的优势和不足。这些信息可以为图书馆制定有针对性的培训计划、优化服务模式和加强合作提供依据，从而推动图书馆的可持续发展。效果评估还可以增强图书馆的竞争力和影响力，以吸引更多的用户参与到图书馆的活动中来，为社会公众提供更加优质和高效的服务。

第十一章　结论与展望

在 21 世纪这个信息爆炸的时代，大数据作为一种新兴的技术手段，已经深深地影响了各个领域。公共图书馆作为传播知识、促进社会进步的重要机构，也面临着大数据带来的机遇与挑战。我们了解到，大数据具有体量巨大、类型繁多、价值密度低、处理速度快的特点。在大数据的背景下，公共图书馆面临着信息过载、用户需求多样化、服务模式创新等挑战。因此，公共图书馆必须转变观念，积极应对大数据带来的影响。对此，公共图书馆应采用先进的技术手段，对用户行为数据、资源使用数据等进行实时采集与分析，以了解用户需求，为资源建设提供有力支持。公共图书馆应打破传统的资源建设模式，实现多种类型、多种载体资源的整合与优化。通过资源整合，以提高公共图书馆的资源保障能力，满足用户的一站式、个性化检索需求。公共图书馆应充分利用大数据技术创新服务模式，如开展个性化推荐、定制化服务、线上线下融合服务等，以提高用户满意度。公共图书馆应重视人才培养，提高工作人员的数据素养和创新能力。同时，要加强与其他机构的合作，共同推进大数据技术在公共图书馆领域的应用。

对大数据背景下公共图书馆资源建设创新模式的研究，为我国公共图书馆的发展提供有益的启示。我们相信，在全社会共同努力下，公共图书馆必将在大数据时代焕发出新的生机与活力，为广大用户提供更加优质、高效的服务，为我国文化事业的发展作出更大的贡献。本书的研究还存在着一定的局限性，例如大数据技术的快速发展导致研究成果可能迅速过时，公共图书馆资源建设实践中的具体情况千差万别，本书的理论与实践相结合程度有待提高等。在今后的研究中，本课题将持续关注大数据技术的发展动态，更新和完善公共图书馆资源建设的理论体系；以具体公共图书馆为案例，检验本书提出的创新模式的适用性和有效性；深入研究大数据背景下公共图书馆资源建设的政策法规和标准化问题，为实践提供指导；探讨国际上公共图书馆资源建设的成功案例，借鉴先进经验，推动我国公共图书馆事业的发展。总之，对大数据背景下公共图书馆资源建设创新模式的研究是一个长期、复杂的任务。我们需要在实践中不断探索、总结经验，为我国公共图书馆的繁荣和发展贡献力量。

参考文献

［1］曾婧．图书馆数字化服务与大数据分析技术的应用研究［J］．办公自动化，2024，29 (3)：60-62.

［2］王芳，符之敏．大数据环境下海南高校图书馆智慧服务建设策略［J］．内江科技，2024，45 (1)：42-43+95.

［3］童敬茹．大数据时代数字图书馆建设的策略分析［J］．艺术品鉴，2024 (2)：122-125.

［4］谢潘佳．基于大数据挖掘的公共图书馆少儿阅读推荐方法［J］．河南图书馆学刊，2024，44 (1)：13-14+27.

［5］曾玲玲．论大数据时代高校图书馆信息服务创新与发展［J］．湖南科技学院学报，2023，44 (6)：131-133.

［6］徐洁．大数据背景下高校图书馆阅读推广创新路径研究［J］．文

化创新比较研究，2023, 7 (36): 106-110.

　　[7] 周恺杰 . 大数据时代公共图书馆强化读者粘性策略分析 [J] . 科学决策，2023 (12): 164-172.

　　[8] 尹晶 . 高校图书馆在大数据时代下阅读推广的新面貌 [J] . 黑龙江教师发展学院学报，2023, 42 (12): 154-156.

　　[9] 李颖, 李慧, 徐笛源 . 大数据下图书馆决策机制的优化及实现 [J] . 文化产业，2023 (34): 142-144.

　　[10] 刘晖 . 大数据时代公共图书馆图书管理分析 [J] . 中国报业，2023 (22): 52-53.

　　[11] 曾淑贤, 吕宝桂, 洪伟翔 . 数据分析抢先机：图书馆大数据资料的活化与加值应用 [J] . 新世纪图书馆，2023 (11): 10-15.

　　[12] 侯辉辉, 唐振坤, 李谦 . 大数据下图书馆精准服务的用户画像系统设计与实现 [J] . 信息与电脑 (理论版)，2023, 35 (21): 170-172.